구원상담문
〈복음제시〉

김만홍

예 지

구원상담문 〈복음제시〉

초판 1쇄 발행 2025년 9월 1일
지은이   김 만 홍
펴낸이   김 만 홍
펴낸곳   도서출판 예지
주소   인천광역시 검단구 원당대로 840번길 21, 825동 1402호
전화   010-2393-9191
등록   2005. 5. 12. 제 387-2005-10호
(C) 김만홍 2025
ISBN : 978-89-93387-44-5 03230

구령상담세미나 요청 : 010-2393-9191
문서선교 후원통장 288-21-0001-224 국민은행 김만홍

공급처 : 하늘유통 031) 947-7777

목 차

1부 구령상담문(복음제시) Soul Winning

1. 구원 상담 시작 … 4
2. 하나님께서는 선생님을 향한 아주 놀라운 계획을 이미 세우셨습니다. … 8
3. 그런데 선생님의 죄가 하나님을 만나지 못하도록 가로막고 있습니다. … 10
4. 그렇다면 죄란 무엇일까요? … 11
5. 그렇다면 죄의 결과는 무엇일까요? … 12
6. 선생님이 먼저 하나님 앞에 죄인임을 시인해야 합니다. … 14
7. 그렇다면 선생님의 죄를 어떻게 해결할 수 있을까요? … 15
8. 예수께서 선생님의 죄를 기억하지 않으실 정도로 완전하게 용서하셨습니다. … 32
9. 예수님께서 선생님의 죄를 위해 십자가에서 돌아가신 후 3일 만에 부활하셨습니다. … 37
10. 구원은 하나님의 은혜와 믿음으로 얻는 하나님의 선물입니다. … 40
11. 선생님이 구원을 받으려면 성령님이 역사해야 합니다. … 41
12. 선생님이 구원을 받으려면 회개하고 복음을 믿어야 합니다. … 42
13. 선생님이 회개하고 예수님을 믿으면 구원을 받습니다. … 46
14. 예수님을 선생님의 모든 죄를 용서해 주신 하나님으로 믿고, 삶의 주인으로 믿고 받아들이겠습니까? … 48
15. 구원의 확신 질문입니다. … 49
16. 구원을 받게 되면 사탄은 선생님에게 어떻게 역사할까요? … 50
17. 사탄의 유혹과 시험을 이기려면 영적으로 무장해야 합니다. … 50

2부 교인들 가운데 확신이 없는 대상의 구원상담문

1. 선생님이 구원의 확신이 있는지 어떻게 확인할 수 있을까요? … 53
2. 사람들이 교회를 다녀도 왜 구원의 확신이 없을까요? … 57
3. 과거에 지은 죄를 어떻게 처리할 수 있을까요? … 59
4. 미래의 죄를 어떻게 처리할 수 있을까요? … 70
5. 성화의 문제를 어떻게 해결할 수 있을까요? … 88
6. 십자가 위에서 이루어진 완전한 용서가 어떻게 선생님의 것이 될 수 있을까요? … 92

구령상담문
(복음제시)

— **Soul Winning** —

1. 구원 상담 시작

<구원 상담을 시작하기 위해 말문을 여는 방법>

선생님, 이 그림 한번 보시겠습니까?

이 그림에 보니까 수많은 사람이 길을 걸어가고 있습니다. 그래서 이 세상에는 수많은 사람이 살아가고 있습니다. 그들을 여러 종류로 분류하면 백색인, 흑색인, 황색인, 갈색인 등이며, 한국인, 일본인, 영국인, 미국인 등 국적에 따라 나누어지고, 빈부귀천을 따지기도 하며 무식한 자와 지혜로운 자로 나누기도 합니다.

그러나 하나님의 눈에는 단지 두 종류의 사람들이 있을 뿐입니다.

그들은 구원받은 사람과 잃어버린 사람, 죄인과 의인이 있을 뿐입니다. 천국으로 가는 사람들과 지옥으로 가는 사람들이 있을 뿐입니다. 그래서 하나님의 말씀 성경은 두 종류의 길을 제시합니다.

이 그림은 멸망으로 가는 넓은 길과 천국으로 가는 좁은 길을 보여줍니다. 이 그림은 예수님께서 말씀하신 마태복음 7장 13~14절을 보여줍니다. 한 번 읽어주십시오.

"좁은 문으로 들어가라 멸망으로 인도하는 문은 크고 그 길이 넓어 그리로 들어가는 자가 많고 생명으로 인도하는 문은 좁고 길이 협착하여 찾는 자가 적음이라"(마 7:13-14)

❶ 생명으로 인도하는 좁은 길이 있습니다.

'생명으로 인도하는 길은 협착하여 찾는 사람이 적다'라고 말합니다. 그렇다면 '협착'이란 무슨 뜻일까요?
'척추협착증'이라는 질병이 있는 것처럼 '협착'이란 매우 좁다는 뜻으로 생명으로 인도하는 길은 그 길이 매우 좁아 찾는 사람이 적습니다. 그래서 찾는 이가 적어 소수만 그 길을 갑니다.

❷ 멸망으로 인도하는 넓은 길이 있습니다.

그런데 이상하게도 멸망으로 인도하는 길이지만 그 길이 넓어 많은 사람이 그 길을 갑니다. 이 길은 역사 속에서 수많은 사람이 걸어갔지만 지금도 많은 사람이 멸망으로 인도하는 넓은 길로 가고 있습니다. **그러면 왜 많은 사람이 멸망으로 인도하는 길을 걸어갈까요?** 그 길이 멸망으로 인도하는 길이라는 것을 모르기 때문입니다.
수많은 사람이 그 길이 **올바른 길이라고 착각하고 있기 때문입니다.**
그래서 지혜자 솔로몬은 이렇게 말합니다.

"어떤 길은 사람이 보기에 바르나 필경은 사망의 길이니라"(잠 14:12)

이 넓은 길을 가는 사람들은 자신이 올바른 길을 찾았고, 올바른 길로 가고 있다고 생각합니다. 그러나 그 길은 결국 멸망으로 인도하는 길입니다.

이 세상에서 가장 불쌍한 사람이 누구일까요?

잘못된 길로 가면서도 올바른 길을 가고 있다고 착각하는 사람들입니다. 이런 사람들은 올바른 길을 찾아낼 가능성이 별로 없습니다. 본인이 올바른 길을 가고 있다고 착각하기 때문입니다.

그렇다면 선생님은 지금 어디로 가고 있을까요?

만약에 천국과 지옥이 있다면
선생님은 천국에 가고 싶습니까?
지옥에 가고 싶습니까?

제가 천국으로 들어갈 수 있는 길을 간단하게 설명하려고 하는데 잠깐 들어주시겠습니까?

<네, 들어보겠습니다. >

2. 하나님께서는 선생님을 향한 아주 놀라운 계획을 이미 세우셨습니다.

하나님께서 선생님을 향하여 어떤 생각을 하고 계시는지 성경 말씀을 읽어 주십시오.

"여호와의 말씀이니라 너희를 향한 나의 생각을 내가 아나니 평안이요 재앙이 아니니라 너희에게 미래와 희망을 주는 것이니라"(예레미야 29:11)

여기에 보니까 하나님께서 "너희를 향한 나의 생각을 내가 아나니"라고 말씀하십니다. 다시 말해서 하나님께서 인간을 향하여 어떤 생각을 하고 있다고 말씀합니다.

이것이 바로 선생님을 향한 하나님의 계획입니다.

선생님을 향한 하나님의 생각과 계획은 "평안이요 재앙이 아니니라"라고 말씀합니다.
다시 말해서 우리 하나님은 선생님이 잘못되고 재앙을 당하는 것이 아니라 평안하기를 바라고 행복하기를 바라고 계십니다.
그리고 "너희에게 미래와 희망을 주는 것이니라"라고 말씀합니다.

<u>**그러므로 선생님을 향한 하나님의 놀라운 계획은 선생님의 평안**</u>

과 희망 가득한 미래입니다.

하나님께서 선생님에게 평안과 희망 가득한 미래를 주기 위해서

먼저 선생님이 구원을 받으며 진리를 아는 데에 이르기를 원하십니다.

디모데전서 2장 4절을 읽어 주십시오.

"하나님은 모든 사람이 구원을 받으며 진리를 아는 데에 이르기를 원하시느니라"(디모데전서 2:4)

여기에 보니까 하나님께서는 모든 사람이 구원받기를 원하십니다. 여기 모든 사람 속에는 선생님도 포함되기에 하나님께서는 바로 선생님이 구원받기를 원하십니다.

그러면 구원이란 무엇일까요?

구원이란 선생님의 모든 죄를 용서받고, 영생을 얻고, 예수님을 만나 천국에 들어가는 것입니다.

3. 그런데 선생님의 죄가 하나님을 만나지 못하도록 가로막고 있습니다.

로마서 3장 23절을 읽어 주십시오.

"모든 사람이 죄를 범하였으매 하나님의 영광에 이르지 못하더니"(롬 3:23)

여기 모든 사람 속에는 선생님도 포함되기에 바로 선생님이 죄를 범하였기에 하나님의 영광에 이르지 못하는 것입니다. 여기서 '하나님의 영광에 이르지 못하더니'라는 말씀은 **선생님의 죄가 하나님을 만나지 못하도록 가로막고 있다는 것을 말합니다.**
그러므로 선생님의 죄가 문제입니다.

거대한 죄의 담이 가로 막고 있음

이사야 59장 2절을 읽어 주십시오.

"오직 너희 죄악이 너희와 너희 하나님 사이를 갈라놓았고 너희 죄가 그의 얼굴을 가리어서 너희에게서 듣지 않으시게 함이니라"(이사야 59:2)

이 말씀은 선생님이 하나님을 만나 구원을 받는 데 방해되는 것이 무엇인지 아주 분명하게 말합니다.

"너희 죄악이 너희와 너희 하나님 사이를 갈라놓았고"

선생님과 하나님 사이를 갈라놓은 것은 바로 선생님의 죄입니다.

4. 그렇다면 죄란 무엇일까요?

죄란 선생님이 하나님을 인정하지 않고 믿지 않는 것입니다.
성경에서 죄에 대하여 무엇이라고 말하는지 요한복음 16장 9절과 예레미야 2장 19절을 읽어 주십시오.

"죄에 대하여라 함은 그들이 나를 믿지 아니함이요"(요한복음 16:9)

"그런즉 네 하나님 여호와를 버림과 네 속에 나를 경외함이 없는 것이 악이요 고통인 줄 알라 주 만군의 여호와의 말씀이니라"(예레미야 2:19)

여기서 말하는 것처럼, 죄란 하나님을 버린 것과 하나님을 경외함이 없는 것과 예수님을 믿지 않는 것이 죄입니다.
예레미야 2장 13절도 같은 말을 하고 있습니다. 읽어 주십시오.

"내 백성이 두 가지 악을 행하였나니 곧 그들이 생수의 근원되는 나를 버린 것과 스스로 웅덩이를 판 것인데 그것은 그 물을 가두지 못할 터진 웅덩이들이니라"(예레미야 2:13)

여기서 두 가지 죄를 지적하고 있는데 **하나는 생수의 근원 되는 하나님을 버린 것이 죄라고 말씀합니다.**
이 말씀은 생수가 인간의 목마름과 갈증을 해결하는 것이기에 행복의 근원 되신 하나님을 버린 것이 악이라고 말합니다.

그리고 두 번째 죄는 생수를 주시는 하나님을 버렸으니 이제는 스스로 샘과 웅덩이를 판 것이 죄라고 말합니다.
이 말씀은 행복을 주시는 하나님을 떠나서 선생님이 스스로 행복해지려고 노력하는 것이 두 번째 악이라고 소개합니다.

5. 그렇다면 죄의 결과는 무엇일까요?

성경은 죄의 결과는 **인간의 불행한 삶과 죽음과 지옥에 들어가는 것이라고 말합니다.** 로마서 3장 16~18절을 읽어 주십시오.

"파멸과 고생이 그 길에 있어 평강의 길을 알지 못하였고 그들의 눈 앞에

하나님을 두려워함이 없느니라"(로마서 3:16-18)

여기서 죄인이 걸어가는 인생길에 평강은 없고 파멸과 고생만 있다고 말합니다.

죄의 결과를 말해주는 세 가지 성경 말씀을 읽어 주십시오.

"죄의 삯은 사망이요"(로마서 6:23)

"한번 죽는 것은 사람에게 정해진 것이요 그 후에는 심판이 있으리니"(히브리서 9:27)

"그러나 두려워하는 자들과 믿지 아니하는 자들과 흉악한 자들과 살인자들과 음행하는 자들과 점술가들과 우상 숭배자들과 거짓말하는 모든 자들은 불과 유황으로 타는 못에 던져지리니"(요한계시록 21:8)

죄의 결과는 영원한 지옥 형벌

그러므로 선생님은 죄로 인하여 수고와 슬픔과 불행한 삶을 살다가 죽고, 죽음 이후에 심판을 받고, 영원한 지옥 형벌을 받는 것이 죄의 결과입니다.

어떻게 죄의 문제를 해결할 수 있을까요?

6. 선생님이 먼저 하나님 앞에 죄인임을 시인해야 합니다.

성경은 세상의 모든 사람이 죄인이라고 말합니다.
여기 성경 말씀을 읽어 주십시오.

"의인은 없나니 하나도 없으며, 모든 사람이 죄를 범하였으매 하나님의 영광에 이르지 못하더니, 그런즉 하나님 앞에서 사람이 어찌 의롭다 하며 여자에게서 난 자가 어찌 깨끗하다 하랴"(로마서 3:10, 23, 욥기 25:4)

모든 사람 속에는 선생님도 포함되어 있기에 선생님도 하나님 앞에 죄인임을 인정하십니까?

<네, 내가 죄인임을 인정합니다.>

하나님께서 성경을 통해서 선생님을 포함해서 모든 사람이 죄인이라고 말씀하셨기에 만일 선생님이 죄인임을 인정하지 않는다면 성경은 선생님이 하나님을 거짓말하는 이로 만드는 것이라고 말합니다. 요한일서 1장 10절을 읽어 주십시오.

"만일 우리가 범죄하지 아니하였다 하면 하나님을 거짓말하는 이로 만드는 것이니"(요한일서 1:10)

그러므로 선생님께서도 하나님 앞에 죄인임을 인정하시겠습니까?

<네, 제가 죄인임을 인정합니다.>

7. 그렇다면 선생님의 죄를 어떻게 해결할 수 있을까요?

선생님에게 아주 놀랍고 기쁜 소식이 있습니다.
선생님의 모든 죄를 용서받고, 하나님이 선물로 주시는 영원한 생명을 얻고, 천국에 들어갈 수 있는 구원의 길이 있습니다.

선생님의 구원을 위해서 문제가 되는 선생님의 죄만 해결하면 되는데 과연 선생님의 죄를 어떻게 해결할 수 있을까요?

❶ 담당으로 선생님의 죄를 해결하셨습니다.

모든 죗값을 이미 담당하심

예수님께서 십자가 위에서 선생님의 모든 죗값을 이미 다 담당했습니다. 베드로전서 2장 24절을 읽어 주십시오.

"친히 나무(십자가)에 달려 그 몸으로 우리 죄를 담당하셨으니 이는 우리로 죄에 대하여 죽고 의에 대하여 살게 하려 하심이라"(베드로전서 2:24)

예수님께서 친히 십자가에 매달려 돌아가심으로 '예수님의 몸으로 선생님의 죄를 담당하셨으니' 라고 말하고 있습니다.

그러면 담당이란 무슨 뜻일까요?

담당이란 "어떤 일을 책임지고 맡아 처리하는 것"을 뜻합니다. 따라서 선생님의 죄는 오직 예수님께서 책임지고 맡아서 처리해 주셨습니다. 오직 예수님께서 선생님의 죄를 책임지고 맡아 처리하셨기에 오직 예수님만 선생님을 구원할 수 있습니다.

선생님의 죄를 해결해 주실 분은 온 천하에 오직 예수님밖에 없습니다.

사도행전 4장 12절을 읽어 주십시오.

"다른 이로써는 구원을 받을 수 없나니 천하 사람 중에 구원을 받을 만한 다른 이름을 우리에게 주신 일이 없음이라 하였더라"(행 4:12)

베드로전서 2장 24절에서 선생님의 죄를 이미 담당하셨다고 말합니까? 앞으로 담당하실 것이라고 말합니까?

<네, '우리 죄를 담당하셨으니' 이미 담당하셨다고 말합니다.>

예, 맞습니다. 바로 예수님께서 친히 자신의 몸으로 선생님의 죄를 이미 다 담당하셨다고 말합니다.

그러므로 예수님께서 선생님의 죄를 책임지고 맡아서 다 처리하셨습니다.

❷ 대속으로 선생님의 죄를 해결하셨습니다.

모든 죄를 대속하심

그러면 대속이란 무슨 뜻일까요?
대속은 "다른 사람의 죄를 대신하여 처벌을 받는 것"을 말합니다.

그러므로 예수께서 이 땅에 오신 목적은 선생님의 죄를 대신하여 처벌받으려고 오셨습니다.
바로 자기 목숨을 대속물로 주시려고 오셨습니다.
대속과 관계된 말씀들을 읽어 주십시오.

"인자가 온 것은 섬김을 받으려 함이 아니라 도리어 섬기려 하고 자기 목숨을 많은 사람의 대속물로 주려 함이니라, 그리스도께서 하나님 곧 우리 아버지의 뜻을 따라 이 악한 세대에서 우리를 건지시려고 우리 죄를 대속하기 위하여 자기 몸을 주셨으니, 하나님은 모든 사람이 구원을 받으며 진리를 아는 데에 이르기를 원하시느니라 하나님은 한 분이시요 또 하나님과 사람 사이에 중보자도 한 분이시니 곧 사람이신 그리스도 예수라 그가 모든 사람을 위하여 자기를 대속물로 주셨으니, 너희가 알거니와 너희 조상이 물려 준 헛된 행실에서 대속함을 받은 것은 은이나 금 같이 없어질 것으로 된 것이 아니요 오직 흠 없고 점 없는 어린 양 같은 그리스도의 보배로운 피로 된 것이니라"(막 10:45, 갈 1:4, 딤전 2:4-6, 벧전 1:18-19)

여기에 보니까 예수님은 자기 목숨을 많은 사람의 대속물로 주려고 오셨다고 말씀하시고, 또한 예수님께서 하나님 아버지의 뜻을 따라 이 악한 세상에서 우리를 건지시려고 우리 죄를 대속하기 위하여 자기 몸을 주셨다고 말씀합니다.

또한 예수님은 하나님과 사람 사이에 중보자로서 모든 사람을 위하여 자기를 대속물로 주셨다고 말씀합니다. 그리고 우리는 오직 흠 없고 점 없는 아주 순결한 예수님의 피로 대속함을 받았다고 말합니다.

따라서 선생님은 예수님의 대속함으로 죄를 다 해결하셨습니다.

❸ 속량으로 선생님의 죄를 해결하셨습니다.

에베소서 1장 7절을 읽어 주십시오.

"그의 피로 말미암아 속량 곧 죄 사함을 받았느니라"(에베소서 1:7)

여기서 예수님의 피로 속량을 이루시고 죄 사함을 받게 하셨다고 말합니다. 그러면 속량이란 무엇일까요?

여기서 속량이란 바로 죄 사함을 말합니다.
(속량 = 죄 사함)

속량이란 "노예의 몸값을 받고 노예를 해방해서 자유를 주는 것"을 말합니다. 속량이란 선생님이 사탄과 죄에 얽매여 지옥에 들어갈 운명에 처해 있었는데 예수께서 본인의 죽음과 피를 흘려주셔서 선생님의 죄의 값을 치르심으로 말미암아 선생님을 죄에서 해방해서 자유를 주신 것입니다.

❹ 정함으로 선생님의 죄를 해결하셨습니다.

로마서 8장 3절을 읽어 주십시오.

"율법이 육신으로 말미암아 연약하여 할 수 없는 그것을 하나님은 하시나니"(롬 8:3 앞부분)

여기서 선생님은 육신이 연약하여 율법을 온전히 지킬 수 없다고 말씀합니다. 다시 말하면 선생님은 죄를 안 짓고 살아갈 수 없다는 말씀입니다.
그러나 여기서 '그것을 하나님은 하시나니'라고 말씀합니다. 따라서 하나님은 연약하지 않으시기에 **선생님의 죄의 문제를 다 해결하실 수 있다는 말씀입니다.**
그러면 하나님께서 선생님의 죄 문제를 어떻게 해결하셨을까요? 하나님이 하신 일은 3절 마지막 부분에 소개됩니다.

"곧 죄로 말미암아 자기 아들을 죄 있는 육신의 모양으로 보내어 육신에 죄를 정하사"(롬 8:3 마지막 부분)

하나님께서 자기 아들이신 예수님을 우리와 같은 육신의 모양으로 이 세상에 보내셔서 그 예수님의 육신에 선생님의 죄를 정하심으로 선생님의 죄를 해결하셨습니다.

여기서 가장 중요한 말은 "죄를 정하사"라는 말씀입니다.
여기서 "죄를 정하사"라는 말을 이해하기 위해서 구약의 속죄 제사를 이해해야 합니다.

구약에서 하나님께 죄를 용서받기 위해서 드리는 속죄 제사가 있었는데 속죄 제사는 사람이 죄를 범했을 때 자신의 죄를 해결할 수 있는 제사였습니다. 그래서 사람이 부지 중에 죄를 범했을 때 하나님이 정하신 속죄 제사로 자신의 죄를 용서받을 수 있었습니다.
레위기 4장 27~31절을 읽어 주십시오.

"만일 평민의 한 사람이 여호와의 계명 중 하나라도 부지중에 범하여 허물이 있었는데 그가 범한 죄를 누가 그에게 깨우쳐 주면 그는 흠 없는 암염소를 끌고 와서 그 범한 죄로 말미암아 그것을 예물로 삼아 그 속죄제물의 머리에 안수하고 그 제물을 번제물을 잡는 곳에서 잡을 것이요 제사장은 손가락으로 그 피를 찍어 번제단 뿔들에 바르고 그 피 전부를 제단 밑에 쏟고 그 모든 기름을 화목제물의 기름을 떼어낸 것 같이 떼어내 제단 위에서 불살라 여호와께 향기롭게 할지니 제사장이 그를 위하여 속죄한즉 그가 사함을 받으리라"(레 4:27-31)

이 말씀을 자세히 살펴보면 속죄 제사를 드리는 순서가 있습니다.

① 한 사람이 부지중에 죄를 범합니다.
② 죄를 범한 사실을 깨닫습니다.
③ 예물로 흠 없는 양이나 암염소를 끌고 옵니다.
④ 죄가 양에게 전가되도록 죄인과 제사장이 양의 머리에 안수합니다.
⑤ 제사장이 양을 잡아 하나님께 속죄 제사를 드립니다.
⑥ 죄를 범한 사람이 자신의 죄 사함을 받습니다.

죄인이 하나님께 드리는 속죄 제사는 하나님께서 지시하시는 내용에 따라 레위 지파에 속한 제사장이 성막이나 성전에서 염소나 양이나 송아지의 제물로 죄인의 속죄 제사를 하나님께 드렸습니다.

그런데 속죄 제사에서 가장 중요한 것은, 죄를 지은 죄인과 제사장이 함께 양의 머리에 안수하는 것입니다.

여기 안수하는 것이 바로 "죄인의 죄를 양에게 정하는 것"을 보여 줍니다. 그러면 그 죄인이 죽는 것이 아니라 양이 죄인의 죄를 대신 지고 죽임을 당합니다.

제사장은 양을 잡아서 양의 피를 번제단 뿔에 바르고, 나머지 피는 속죄소에 뿌리고, 양의 몸 전체를 번제단에서 불로 태워 하나님께 제사해야 죄인이 용서를 받습니다.
그러므로 가장 중요한 것이 바로 양에게 안수하는 것입니다. 이것이 바로 죄인의 죄를 양에게 정하는 것입니다.

여기서 죄를 위하여 죽는 희생양은 누구를 나타낼까요?

<네, 우리 죄를 짊어지신 어린양 예수님을 나타냅니다.>

예, 맞습니다. 그래서 요한복음 1장 29절에서 요한은 사람들에게 예수님을 이렇게 소개합니다.

"보라 세상 죄를 지고 가는 하나님의 어린양이로다"(요한복음 1 : 29)

그래서 희생양의 머리에 안수하여 죄를 정하는 것처럼, **하나님의 아들 예수님께 선생님의 모든 죄를 정했습니다.**
그러므로 예수님은 세상의 모든 죄를 지고 가는 하나님의 어린양이라고 믿지 말고, 바로 선생님의 죄를 지고 가는 어린양 예수님으로 믿어야 합니다.

그렇게 믿습니까?

<아멘, 예수님이 나의 죄를 지고 죽으신 것을 믿습니다.>

예수님께서 십자가에 돌아가셨을 때(그림을 그리며) 선생님의 죄를 선생님이 태어날 때부터 죽을 때까지 선생님의 일생의 모든 죄를 예수님께 정했습니다.

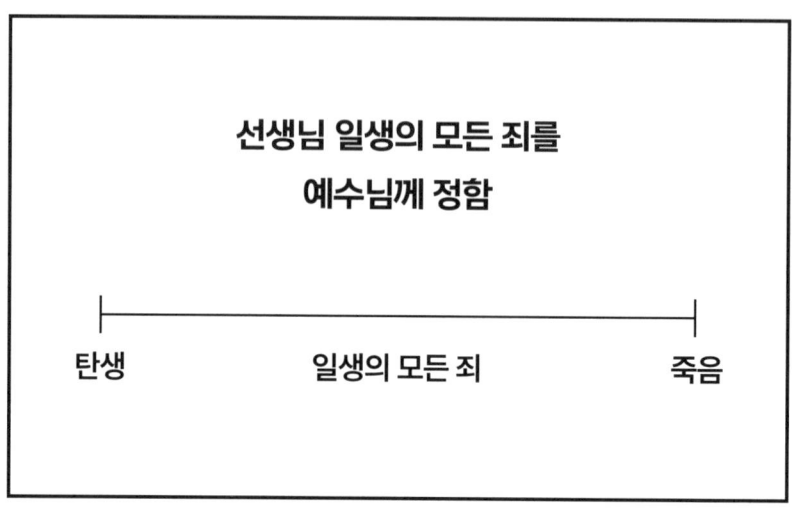

언제부터 언제까지 정했습니까?

<네, 태어날 때부터 죽을 때까지입니다.>

그러면 선생님의 죄를 몇 %나 지셨을까요?

<네, 나의 죄를 100% 다 지셨습니다.>

예, 맞습니다.

선생님의 죄를 태어날 때부터 죽을 때까지 다 해결하셨습니다.

❺ 예수의 보혈로 선생님의 죄를 해결하셨습니다.

보혈로 죄를 해결하심

로마서 5장 9절을 읽어 주십시오.

"이제 우리가 그의 피로 말미암아 의롭다 하심을 받았으니"(로마서 5:9)

여기서 예수님의 피로 말미암아 선생님이 의롭다 하심을 받았다고 말씀합니다.

❻ 하나님의 은혜로 값없이 선생님의 죄를 해결하셨습니다.

은혜로 값없이 죄를 해결하심

로마서 3장 24절을 읽어 주십시오.

"그리스도 예수 안에 있는 속량으로 말미암아 하나님의 은혜로 값없이 의롭다 하심을 얻은 자 되었느니라"(로마서 3:24)

예수님께서 자신의 목숨과 보혈로 선생님의 죗값을 치르심으로, 선생님의 모든 죄를 다 용서해 주심으로, 선생님은 죄 사함을 받았고 의롭게 되었다고 선언합니다.

❼ 구약의 속죄 제사보다 더 좋은 방법으로 선생님의 죄를 해결하셨습니다.

구약 시대의 제사장이 인간의 죄를 해결하기 위해 희생양을 잡아 속죄 제사로 드렸습니다. 하지만 구약의 속죄 제사는 인간의 죄를 온전히 해결할 수 없어 히브리서에서는 속죄 제사가 연약하고 무익하여 폐지했다고 말씀합니다.

히브리서 7장 18~19절을 읽어 주십시오.

"전에 있던 계명은 연약하고 무익하므로 폐하고 <율법은 아무 것도 온전하게 못할지라> 이에 더 좋은 소망이 생기니 이것으로 우리가 하나님께 가까이 가느니라"(히 7:18-19)

여기서 전에 있는 계명은 구약 시대의 율법을 말하고 그 율법 속에는 인간의 죄를 해결하는 속죄 제사법도 있었습니다.

하지만 율법은 다시 말해서 구약의 속죄 제사는 아무것도 온전하게 못 한다고 말합니다. **다시 말해서 인간의 죄의 문제를 온전하게 해결할 수 없다는 말입니다.**

그렇다면 이제 인간은 영원히 죄 문제를 해결할 방법이 없을까요? 감사하게도 히브리서 7장 19절에서 "이에 더 좋은 소망이 생기니"라고 말씀합니다.

더 좋은 소망이 생기니

인간의 죄의 문제를 온전하게 해결할 수 있는 더 좋은 방법이 있다는 것입니다. 그래서 "이것으로 우리가 하나님께 가까이 가느니라"라고 말합니다.

그렇다면 "더 좋은 소망"과 "이것으로"라는 내용은 무엇을 지칭할까요?

이것은 바로 예수님께서 십자가 복음으로 인간의 죄를 단번에 해결할 수 있다는 것을 지칭합니다. 이것이 바로 예수 십자가의 완전한 복음입니다.

바로 하나님께서 당신의 아들 예수님을 이 세상에 보내주셔서, 죄 없는 그분이 선생님을 대신해서 십자가에서 자신의 목숨과 피를 흘려주심으로 **선생님의 모든 죄를 단번에 다 해결해 주셨습니다.**
그래서 예수님은 죄인을 구원하시려고 세상에 임하셨습니다.

디모데전서 1장 15절을 읽어 주십시오.

"예수께서 죄인을 구원하시려고 세상에 임하셨다 하였도다"(디모데전서 1:15)

예수님은 선생님의 죄를 없애려고 나타나셨습니다.

요한일서 3장 5절을 읽어 주십시오.

"그가 우리 죄를 없애려고 나타나신 것을 너희가 아나니 그에게는 죄가 없느니라"(요한일서 3:5)

❽ 예수님께서 하나님의 뜻을 행하여 선생님의 죄를 해결하셨습니다.

죄가 없는 예수님께서 하나님의 뜻을 행하러 이 세상에 오셨습니다.

히브리서 10장 9~10절을 읽어 주십시오.

"보시옵소서 내가 하나님의 뜻을 행하러 왔나이다 하셨으니 그 첫째 것을 폐하심은 둘째 것을 세우려 하심이라 이 뜻을 따라 예수 그리스도의 몸을 단번에 드리심으로 말미암아 우리가 거룩함을 얻었노라"(히브리서 10:9-10)

여기서 하나님의 뜻은 첫째 것인 구약의 속죄 제사를 폐하시고 둘째 것인 예수님의 속죄 제사로 인간의 죄의 문제를 해결하시는 것이 하나님의 뜻입니다.

하나님의 뜻대로 죄를 해결하심

따라서 예수님은 하나님의 뜻대로 십자가 위에서 자신의 몸을 단번에 드리심으로 말미암아 선생님이 죄 사함을 받고 거룩함을 얻게 하셨습니다.

선생님, 여기서 예수님의 몸을 단번에 드리심으로 우리가 거룩함을 얻었다고 말합니까? 거룩함을 얻을 것이라고 말합니까?

<네, 우리가 거룩함을 얻었다고 말합니다.>

예, 맞습니다. 예수님의 몸을 단번에 드리심으로 우리는 죄 사함을 받았고, 의롭게 되었고, 거룩함을 얻었습니다.

그리고 예수님은 십자가에서 돌아가심으로 한 번의 제사로 우리를 영원히 온전하게 하셨습니다. 히브리서 10장 14절을 읽어 주십시오.

"그가 거룩하게 된 자들을 한 번의 제사로 영원히 온전하게 하셨느니라"(히브리서 10:14)

한 번의 제사로 영원히 온전하게

여기서 구약의 속죄 제사는 수없이 많은 제사를 해도, 그 속죄 제사는 인간의 죄 사함을 온전히 이루지 못했지만, 예수님께서 십자가 위에서 자신의 몸을 희생제물로 드리는 **한 번의 제사로 선생님의 죄의 문제를 단번에 해결하셨습니다.**

선생님, 예수님께서 한 번의 제사로 우리를 영원히 온전하게 하셨다고 말합니까? 온전하게 하실 것이라고 말합니까?

<네, 영원히 온전하게 하셨다고 말합니다.>

예, 맞습니다. 이제 선생님은 이미 죄 사함을 받았고, 의롭게 되었고, 거룩하게 되었고, 영원히 온전하게 하셨다고 말합니다.

❾ 예수께서 "다 이루었다"라고 선포하심으로 선생님의 죄를 해결하셨습니다.

요한복음 19장 30절을 읽어 주십시오.

"예수께서 신 포도주를 받으신 후에 이르시되 다 이루었다 하시고 머리를 숙이니 영혼이 떠나가시니라"(요한복음 19:30)

다 이루었다.

여기 예수님이 십자가 위에서 죽어 가시면서 외치셨던 "다 이루었다"라는 그 한 마디는 참으로 의미심장한 선포였습니다.

예수님께서 외치신 "다 이루었다"라는 외침은 패배의 울부짖음 "나는 망했다"라는 말이 아니라 승리의 외침 "나는 완성했다"라는 외침입니다.
예수님께서 "다 이루었다"라는 외침을 통해 인간의 구원을 위한 하나님의 영원하신 계획이 인간의 시간 역사 속에서 영원히 성취되었음을 선포하셨습니다.

8. 예수께서 선생님의 죄를 기억하지 않으실 정도로 완전하게 용서하셨습니다.

기억하지 않으심 = 완전한 용서

히브리서 10장 17절을 읽어 주십시오.

"또 그들의 죄와 그들의 불법을 내가 다시 기억하지 아니하리라 하셨으니"(히 10:17)

여기서 하나님께서는 선생님의 죄와 불법을 다시는 기억하지 않으신다고 했는데 선생님이 죄를 기억하고 염려한다면

예수님께서 선생님의 죄를 용서하신 것을 믿는 것입니까? 믿지 않는 것입니까?

<네, 믿지 않는 것입니다.>

그러면 여기 하나님의 말씀대로 하나님께서 선생님의 죄를 기억하지도 않으시고 완전하게 용서하신 것을 믿습니까?

<네, 확실하게 믿습니다.>

예, 여기 하나님께서 기억하지 않으신다는 것은, 아주 완전하게 용서하신 것을 말합니다.

사람들은 용서해 주고도 기억하지만, 하나님은 선생님의 죄를 용서하시고 기억하지도 않고 완전하게 용서하셨습니다.

또한 하나님께서는 선생님의 죄를 완전히 삭제하고 지웠다고 말합니다.

이사야서 43장 25절과 44장 22절을 읽어 주십시오.

"나 곧 나는 나를 위하여 네 허물을 도말하는 자니 네 죄를 기억하지 아니하리라, 내가 네 허물을 빽빽한 구름 같이, 네 죄를 안개 같이 없이하였으니 너는 내게로 돌아오라 내가 너를 구속하였음이니라(사 43:25, 44:22)

도말 = 완전히 삭제하고 지웠다.

여기서 도말이라는 말은 '지워버렸다'라는 뜻으로 선생님의 죄를 완전하게 용서하심으로 선생님의 죄를 삭제해서 지워버리고 기억하지도 않는다는 말씀입니다.

그러므로 선생님의 죄와 허물은 빽빽한 구름이 사라짐 같이 안개의 사라짐 같이 다 사라져 버렸습니다.

이렇게 선생님의 죄가 다 사라져 버렸다면 선생님의 마음이 기쁘겠습니까? 기쁘지 않겠습니까?

<네, 제 마음이 기쁘다고 믿습니다.>

예, 그렇습니다.
하늘이 온통 깜깜하게 구름이 끼었다가 안개가 자욱해서 앞을 분간할 수 없었다가 구름과 안개가 다 사라진 것처럼 선생님의 모든 죄가 이처럼 다 사라져 버렸습니다.

'네 죄를 안개 같이 없이하였으니 너는 내게로 돌아오라'(사 44:22)

그런데 여기서 선생님이 하나님께로 돌아오면 용서해 주신다고 했습니까? 이미 다 용서해 놓고 돌아오라고 했습니까?

<네, 죄를 이미 다 용서해 놓고 돌아오라고 했습니다.>

예, 맞습니다. 이미 다 용서해 놓고 하나님께로 돌아오라고 말합니다. 선생님의 할 일은 하나님이 선생님의 죄를 이미 용서해 놓으셨으니 그것을 믿고 주님 품으로 돌아오는 것만 남아 있습니다.

선생님이 돌아온다는 것은 무슨 뜻일까요?

<네, 잘 모르겠는데요?>

예, 선생님이 돌아온다는 것은 하나님께서 선생님의 죄를 용서하셨다는 사실을 믿는 것을 말합니다.

선생님은 하나님께서 선생님의 모든 죄를 이미 다 용서하심으로 죄 사함을 받았고, 의롭게 되었고, 거룩함을 얻었고, 영원히 온전하게 되었다는 하나님의 말씀을 믿습니까?

<네, 아멘, 믿습니다.>

그러면 선생님은 죄가 있습니까? 없습니까?

<네, 나의 죄는 하나도 없습니다.>

그러면 선생님은 죄인입니까? 의인입니까?

<네, 나는 의인입니다.>

예, 선생님은 의인입니다. 성경의 여러 말씀에서 선생님의 죄를 얼마나 완전하게 처리하셨는지 자세히 말씀하고 있습니다.

미가서 7장 19절을 읽어 주십시오.

"다시 우리를 불쌍히 여기셔서 우리의 죄악을 발로 밟으시고 우리의 모든 죄를 깊은 바다에 던지시리이다"(미가서 7:19)

하나님께서 선생님의 모든 죄를 깊은 바다에 던져버렸다고 말씀합니다.

죄를 깊은 바다에 던지심

시편 103편 12절을 읽어 주십시오.

"동이 서에서 먼 것 같이 우리의 죄과를 우리에게서 멀리 옮기셨으며"(시편 103:12)

하나님께서 선생님의 죄를 동쪽 끝에서 서쪽 끝으로 멀리 옮기셨기 때문에 이제 선생님의 죄를 볼 수도 없다고 말씀합니다.

동쪽 끝에서 서쪽 끝으로 죄를 옮기심

그러므로 선생님께서 예수님이 십자가에서 이루신 완전한 복음을 믿으면 선생님은 죄와 죽음과 심판에서 해방되어 지옥에 들어가지 않습니다.

9. 예수님께서 선생님의 죄를 위해 십자가에서 돌아가신 후 3일 만에 부활하셨습니다.

예수님의 부활

예수님의 부활은 예수 십자가 복음의 완성으로 완전한 복음을 나타냅니다. 예수님께서 성경의 예언에 따라 죽으시고, 장사지내신 후 성경의 예언에 따라 다시 살아나셨습니다.

예수님이 부활하셨기 때문에 선생님을 구원할 완전한 복음이 완성되었습니다.

고린도전서 15장 1~4절을 읽어 주십시오.

"형제들아 내가 너희에게 전한 복음을 너희에게 알게 하노니 이는 너희가 받은 것이요 또 그 가운데 선 것이라 너희가 만일 내가 전한 그 말을 굳게 지키고 헛되이 믿지 아니하였으면 그로 말미암아 구원을 받으리라 내가 받은 것을 먼저 너희에게 전하였노니 이는 성경대로 그리스도께서 우리 죄를 위하여 죽으시고 장사 지낸 바 되셨다가 성경대로 사흘 만에 다시 살아나사"(고린도전서 15:1-4)

예수님의 부활이 없다면 선생님을 구원할 복음은 헛것이요, 믿음도 헛것이요, 죄도 용서되지 않습니다.

고린도전서 15장 14절과 17절을 읽어 주십시오.

"그리스도께서 만일 다시 살아나지 못하셨으면 우리가 전파하는 것도 헛것이요 또 너희 믿음도 헛것이며, 그리스도께서 다시 살아나신 일이 없으면 너희의 믿음도 헛되고 너희가 여전히 죄 가운데 있을 것이요"(고린도전서 15:14, 17)

예수님께서는 선생님의 죄 때문에 죽으시고 선생님을 의롭게 하시려고 부활하셨습니다.

로마서 4장 25절을 읽어 주십시오.

"예수는 우리가 범죄한 것 때문에 내줌이 되고 또한 우리를 의롭다 하시기 위하여 살아나셨느니라"(로마서 4:25)

그러므로 선생님이 예수님의 부활을 믿으면 구원을 받습니다.

로마서 10장 9절을 읽어 주십시오.

"하나님께서 그를 죽은 자 가운데서 살리신 것을 네 마음에 믿으면 구원을 받으리라"(로마서 10:9)

선생님이 예수님을 믿고 구원을 받으면 선생님도 죽음을 이기고

부활합니다.

요한복음 11장 25절을 읽어 주십시오.

"예수께서 이르시되 나는 부활이요 생명이니 나를 믿는 자는 죽어도 살겠고"(요한복음 11:25)

선생님도 부활해서 천국에서 예수님과 함께 영원토록 살아갈 수 있습니다. 그러므로 선생님의 부활 소망은 선생님을 행복하게 살아가도록 도와줍니다.

선생님이 부활해서 영원토록 살아갈 수 있다는 것보다 더 큰 행복이 어디에 있을까요?

그러므로 초대교회 성도들은 예수님의 부활을 믿고 변화된 놀라운 삶을 살았습니다.

요한복음 2장 22절을 읽어 주십시오.

"죽은 자 가운데서 살아나신 후에야 제자들이 이 말씀하신 것을 기억하고 성경과 예수께서 하신 말씀을 믿었더라"(요한복음 2:22)

10. 구원은 하나님의 은혜와 믿음으로 얻는 하나님의 선물입니다.

에베소서 2장 8~9절을 읽어 주십시오.

"너희는 그 은혜에 의하여 믿음으로 말미암아 구원을 받았으니 이것은 너희에게서 난 것이 아니요 하나님의 선물이라 행위에서 난 것이 아니니 이는 누구든지 자랑하지 못하게 함이라"(에베소서 2:8-9)

여기서 에베소 교회 성도들이 하나님의 은혜에 의하여 믿음으로 말미암아 구원을 받았다고 말합니다.

선생님, 이 구원이 어디에서 난 것이 아니라고 했습니까?

<네, 행위에서 난 것이 아니라고 했습니다.>

예, 맞습니다. 행위에서 난 것이 아니라 오직 은혜로 값없이 구원을 받았다고 말합니다.

그러므로 구원은 우리의 선행이나 노력으로 받는 것이 아니라 오직 하나님의 은혜와 우리의 믿음으로 받습니다.

11. 선생님이 구원을 받으려면 성령님이 역사해야 합니다.

지금까지 선생님이 들은 예수 십자가의 완전한 복음이 진심으로 믿어지도록 성령님이 역사해야 합니다.

데살로니가전서 1장 5~6절을 읽어 주십시오.

"이는 우리 복음이 너희에게 말로만 이른 것이 아니라 또한 능력과 성령과 큰 확신으로 된 것임이라, 또 너희는 많은 환난 가운데서 성령의 기쁨으로 말씀을 받아"(데살로니가전서 1:5-6)

예수 십자가의 완전한 복음이 진심으로 믿어지려면 성령님의 역사로 자신이 인생의 주인이 되어 자기 마음대로 살아온 죄가 **얼마나 끔찍하고 무서운 죄인가를 가슴이 저리도록 깨달아야** 합니다.

자신이 지은 죄의 무게와 깊이를 뼛속 깊이 사무치게 깨달아야 하나님이 완성하신 완전한 복음이 믿어지게 됩니다.
성령님께서 영적인 눈을 열어주심으로 복음에 눈을 떠야 합니다.
그래서 바울은 여기서 복음이 성도들에게 말로만 이른 것이 아니라, **복음의 능력과 성령의 역사와 큰 확신으로 구원이 이루어진다**고 말씀합니다.

12. 선생님이 구원을 받으려면 회개하고 복음을 믿어야 합니다.

❶ 먼저 회개란 선생님의 죄에서 돌이키는 것입니다.

회개란 선생님이 죄인임을 인정하고 선생님의 죄악 된 삶에서 돌이켜 예수님을 삶의 주인으로 섬기며 따르기로 결단하는 것입니다.

에스겔서 33장 11절을 읽어 주십시오.

"주 여호와의 말씀이니라 나의 삶을 두고 맹세하노니 나는 악인이 죽는 것을 기뻐하지 아니하고 악인이 그의 길에서 돌이켜 떠나 사는 것을 기뻐하노라 이스라엘 족속아 돌이키고 돌이키라 너희 악한 길에서 떠나라 어찌 죽고자 하느냐"(에스겔 33:11)

❷ 예수님이 선생님을 구원하신 하나님이시며 삶의 주인이심을 믿고 인정하고 시인해야 합니다.

사도행전 2장 36절을 읽어 주십시오.

"너희가 십자가에 못 박은 이 예수를 하나님이 주와 그리스도가 되게 하셨느니라"(사도행전 2:36)

하나님께서는 십자가에 못 박은 예수님을 주와 그리스도가 되게 하셨습니다. 여기서 '주'는 우리 삶의 주인이시며 '그리스도'는 우리를 죄에서 구원하시는 메시아라는 뜻입니다.
따라서 선생님이 예수님께서 십자가에서 이루신 복음을 믿고 받아들이는 것은 삶의 주인을 통째로 바꾸는 엄청난 결정을 하는 것입니다.

지금까지는 하나님 없이 선생님이 삶의 주인이 되어 선생님의 삶을 자기 마음대로 살아왔었지만, 이제는 삶의 주인이 완전히 바뀌는 것입니다.

선생님의 마음 가운데는 가장 중요한 마음의 왕좌가 있습니다. 만일 그 왕좌에 선생님이 앉아 있다면, 그래서 삶의 모든 일을 선생님 마음대로 한다면 선생님은 구원을 받을 수 없습니다.

<u>그러므로 구원이란 삶의 주인이 완전히 바뀌는 것입니다.</u>

로마서 10장 9~10절을 읽어 주십시오.

"네가 만일 네 입으로 예수를 주로 시인하며 또 하나님께서 그를 죽은 자 가운데서 살리신 것을 네 마음에 믿으면 구원을 받으리라 사람이 마음으로 믿어 의에 이르고 입으로 시인하여 구원에 이르느니라"(로마서 10:9-10)

이 말씀은 '구원을 받으리라'라는 말씀처럼 구원을 받을 수 있는 놀라운 원칙을 소개합니다.

① 먼저 예수님을 주로 시인해야 함
② 진실한 마음으로 예수님께서 이루신 복음을 믿어야 함

<u>**선생님이 하나님을 만나는 법칙이 있습니다.**</u>
<u>**사랑이 사랑을 만나고, 진심이 진심을 만나고, 선생님의 간절함이 하나님을 만나게 합니다.**</u>

예레미야서 29장 13절과 잠언 8장 17절을 읽어 주십시오.

"너희가 온 마음으로 나를 구하면 나를 찾을 것이요 나를 만나리라"(예레미야 29:13)

"나를 사랑하는 자들이 나의 사랑을 입으며 나를 간절히 찾는 자가 나를 만날 것이니라"(잠언 8:17)

그래서 하나님께서는 선생님이 온 마음으로 하나님을 구하면 숨겨

진 하나님이 아니라 하나님을 찾을 것이요 하나님을 만날 수 있다고 말씀하십니다.

이것이 바로 예수 십자가의 완전한 복음을 진실한 마음으로 믿고 받아들이는 것입니다.

③ 그리고 마음으로 믿는 것을, 입으로 시인해야 합니다.

이것이 바로 예수님을 삶의 주인으로 마음속에 영접하는 것입니다. 영접이란 복음과 상관없는 예수님을 마음에 모시는 것이 아니라 **예수님께서 십자가에서 나의 모든 죄를 다 용서하신 사실을 인정하고, 믿고, 받아들이고, 입으로 시인하여 구원을 받는 것입니다.**

지금까지 들었던 예수 십자가의 완전한 복음의 말씀을 이렇게 입으로 시인해야 합니다.

"나는 구원을 받았습니다. 나는 영생을 얻었습니다.
나는 예수님의 십자가 속량으로 죄 사함을 받았습니다.
내가 태어날 때부터 죽을 때까지
나의 모든 죄를 예수님께서 담당하셨습니다.
예수님의 보혈로 나의 모든 죗값을 다 치르셨습니다.
나의 선행으로 구원을 받는 것이 아니라는 사실을 믿습니다.

나는 예수님이 나를 대신해서 심판을 받으셨기에
나에게 심판이 없다는 사실을 믿습니다.
나는 예수님의 보혈로 의롭게 되었으니 의인입니다."

13. 선생님이 회개하고 예수님을 믿으면 구원을 받습니다.

❶ 선생님이 회개하고 예수님을 믿으면 영원한 생명을 얻습니다.

요한복음 3장 16절을 읽어 주십시오.

"하나님이 세상을 이처럼 사랑하사 독생자를 주셨으니 이는 그를 믿는 자마다 멸망하지 않고 영생을 얻게 하려 하심이라"(요한복음 3:16)

❷ 선생님이 회개하고 예수님을 믿으면 하나님의 자녀가 되는 권세를 얻게 됩니다.

요한복음 1장 12절을 읽어 주십시오.

"영접하는 자 곧 그 이름을 믿는 자들에게는 하나님의 자녀가 되는 권세를 주셨으니"(요한복음 1:12)

❸ 선생님이 회개하고 예수님을 믿으면 성령을 선물로 받게 됩니다.

사도행전 2장 38절을 읽어 주십시오.

"너희가 회개하여 각각 예수 그리스도의 이름으로 침례<세례>를 받고 죄 사함을 받으라 그리하면 성령의 선물을 받으리니"(사도행전 2:38)

❹ 선생님이 회개하고 예수님을 믿으면 하나님이 기도를 들어주시고 응답하십니다.

요한복음 16장 24절을 읽어 주십시오.

"지금까지는 너희가 내 이름으로 아무 것도 구하지 아니하였으나 구하라 그리하면 받으리니 너희 기쁨이 충만하리라"(요한복음 16:24)

14. 예수님을 선생님의 모든 죄를 용서해 주신 하나님으로 믿고, 삶의 주인으로 믿고 받아들이겠습니까?

선생님은 다음과 같은 기도로 예수 십자가의 완전한 복음의 말씀을 믿고 입으로 시인하여 구원을 받을 수 있습니다.

"주 예수님, 제가 지금까지 하나님을 인정하지 않고
제가 인생의 주인이 되어 내 마음대로 살아온 죄인입니다.
예수님께서 나를 대신하여 십자가에서 죽으심으로 나의
모든 죄를 단번에 다 해결해 주시고 구원해 주셔서 감사합니다.
십자가에서 돌아가신 지 사흘 만에 부활하심으로
내 인생의 주인이 되셨음을 믿습니다.
이제 예수님을 나의 삶의 주인으로,
나를 다스리시는 왕으로,
나를 창조하신 하나님으로 영접합니다.
내 마음속에서 내 인생의 주인이 되어
저의 삶을 인도해 주시고 예수님을 따라 살게 도와주십시오.

예수님의 이름으로 기도합니다. -아멘-"

15. 구원의 확신 질문입니다.

❶ 예수님은 선생님에게 누구입니까?

❷ 하나님이 선생님을 구원하시기 위해 무엇을 하셨습니까?

❸ 선생님은 하나님 앞에서 죄가 해결된 의인이라고 믿습니까?

❹ 지금 하나님께서 내 생명을 가져가시면 선생님은 어떻게 되겠습니까?

❺ 죄 사함을 받고 구원받은 사람이 또 죄를 지으면, 구원이 취소되나요?

요한복음 10장 28~29절과 요한일서 1장 9절을 읽어 주십시오.

"내가 그들에게 영생을 주노니 영원히 멸망하지 아니할 것이요 또 그들을 내 손에서 빼앗을 자가 없느니라 그들을 주신 내 아버지는 만물보다 크시매 아무도 아버지 손에서 빼앗을 수 없느니라" (요한복음 10:28-29)

"만일 우리가 우리 죄를 자백하면 그는 미쁘시고 의로우사 우리 죄를 사하시며 우리를 모든 불의에서 깨끗하게 하실 것이요"(요한일서 1:9)

16. 구원을 받게 되면 사탄은 선생님에게 어떻게 역사할까요?

❶ 구원의 확신을 의심하게 합니다.

❷ 죄 아래에 살게 합니다.

❸ 믿음이 성장하지 못하도록 유혹과 핍박을 합니다.

❹ 가족과 갈등을 겪게 하거나 믿음을 포기하게 합니다.

❺ 갖가지 문제들과 사건을 일으켜 예수님을 따르는 믿음 생활을 방해합니다.

17. 사탄의 유혹과 시험을 이기려면 영적으로 무장해야 합니다.

❶ 예배의 자리로 나아가십시오.

구원받은 사람은 믿는 사람들과 함께 나를 구원하신 하나님을 예배해야 합니다.

❷ 성경 말씀을 매일 읽으십시오.

성경 말씀은 사탄이 주는 의심을 이기게 하며, 하나님의 뜻을 알게 하고, 영적으로 성장하게 하는 영혼의 양식입니다.

❸ 기도로 깨어서 죄를 이기십시오.

기도는 하나님과 깊은 교제를 나누는 것이며, 옛 생활과 죄에 빠지게 하는 사탄의 유혹을 이기게 합니다.

❹ 전도를 통해 내가 받은 구원을 다른 사람에게 전하십시오.

전도는 다른 사람을 지옥에서 건져내어 구원하는 하나님의 방법이며, 이 땅에서 어둠의 세력을 몰아내고 하나님의 나라를 건설하는 운동입니다.

예수님 안에서 같은 믿음을 가지고, 구원을 받아 하나님의 가족이 되신 선생님을 축복합니다.

교인들 가운데
구원의 확신이 없는 대상
구원상담문

<이 구원상담문은 한국기독교이단상담사협회
회장 진용식 목사가 교회를 다니고 있지만
구원의 확신이 없는 교인을 대상으로
어떻게 구령상담을 할 수 있는지 소개한 내용입니다.
이 구원상담문을 수정하여 소개합니다>

1. 선생님이 구원의 확신이 있는지 어떻게 확인할 수 있을까요?

하나님의 말씀 성경을 통해서 확인할 수 있습니다.

선생님, 고린도후서 13장 5절을 읽어 주십시오.

"너희는 믿음 안에 있는가 너희 자신을 시험하고 너희 자신을 확증하라 예수 그리스도께서 너희 안에 계신 줄을 너희가 스스로 알지 못하느냐 그렇지 않으면 너희는 버림 받은 자니라"(고후 13:5)

여기에 등장하는 '너희'는 누구를 지칭할까요? 당연히 고린도 교회 교인들을 지칭합니다. 그들은 이미 교회를 다니고 있습니다.
그런데 사도 바울은 이미 교회에 다니고 있는 그들에게 "자신이 믿음에 바로 서 있는지 자신을 테스트해 보고 너희 자신을 확증하라"라고 말합니다.

그러면서 "예수께서 너희 안에 계신 줄을 너희가 스스로 알지 못하면 너희는 버림받은 자니라"라고 말합니다.

그러므로 선생님께서도 자신을 한번 테스트해 보고 선생님이 진정으로 구원을 받았는지 확인해 보아야 합니다.

그렇게 하시겠습니까?

<네, 그렇게 하겠습니다.>

사실 구원의 확신은 너무나 중요합니다.
선생님이 구원을 받을 줄 알았는데 만약 구원받은 것이 아니라면 어떻게 될까요? 당연히 지옥에 들어갑니다.
선생님이 구원을 받은 줄로 알고 있었는데 죽어서 하나님 앞에 가 보니 선생님이 참된 구원을 받지 않아서 지옥에 간다면 얼마나 억울할까요? 교회를 열심히 다녔는데도 불구하고 지옥에 들어간다면 얼마나 억울할까요?
선생님이 죽은 다음에 하나님 앞에서 구원받지 않았다는 것이 밝혀지면, 그때는 구원받을 기회가 없습니다.

인간이 죽은 다음에는 다시는 구원받을 기회가 없기 때문입니다.
그러므로 지옥에 들어갈 수밖에 없습니다.

그러므로 지금 이 세상에서 선생님 구원의 문제를 확실하게 해야 합니다.
'나는 아마 구원을 받았을 거야'라는 식으로 구원문제를 두리뭉실 넘어가지 말아야 합니다.

선생님이 확실하게 구원을 받았는지 확인하고 싶습니까?

<네, 내가 구원을 받았는지 확인해 보고 싶습니다.>

그러면 요한일서 5장 10절을 읽어 주십시오.

"하나님의 아들을 믿는 자는 자기 안에 증거가 있고"(요일 5:10)

이 말씀에 보니까 하나님의 아들인 예수님을 믿는 자는 자기 안에 무엇이 있다고 말합니까?

<네, 증거가 있다고 말합니다.>

그 증거가 어디 안에 있다고 했습니까?

<네, 자기 안에 있다고 말합니다.>

예, 맞습니다.
요한일서 5장 10절에서 자기 안에 증거가 있다고 말합니다.
그러므로 예수님을 믿는 자는 **반드시 자기 마음속에 구원받은 증거가 있어야 합니다.**

그렇다면 선생님 마음속에는 구원받은 증거가 있습니까?
과연 구원받은 증거가 무엇일까요?

<잘 모르겠네요, 혹시 병 고침이나 신비 체험 등이 아닐까요?>

구원받은 증거는 그런 것이 아니라 성경에 그 증거가 자세히 나와 있습니다.

요한일서 5장 11절을 읽어 주십시오.

"또 증거는 이것이니 하나님이 우리에게 영생을 주신 것과 이 생명이 그의 아들 안에 있는 그것이니라"(요일 5:11)

여기서 구원받은 증거는 '하나님이 우리에게 영생을 주신 것'이라고 말합니다.

그러면 '영생을 주실 것'이라고 말하고 있습니까?
아니면 '이미 주신 것'이라고 말합니까?

<네, 이미 주신 것이라고 말합니다.>

예, 맞습니다. 믿는 자의 마음속에 있는 구원받은 증거는 영생을 주신 것, 바로 영생을 얻은 확신이 있는 것입니다.

그래서 선생님이 영생을 얻었다는 확신이 없다면 구원받은 증거가 없는 것입니다.

요한복음 5장 24절도 읽어 주십시오.

"내가 진실로 진실로 너희에게 이르노니 내 말을 듣고 또 나 보내신 이를 믿는 자는 영생을 얻었고"(요 5:24)

여기서도 믿는 자는 영생을 얻었다고 했습니까?
영생을 얻을 것이라고 했습니까?

<네, 영생을 이미 얻었다고 말합니다.>

예, 맞습니다. 믿는 자는 영생을 얻었다고 말합니다.
그러므로 영생을 얻은 확신이 없다면 비록 지금 교회를 다니고 있어도 구원받은 사람이 아니기에 구원의 확신이 없는 것입니다.

2. 사람들이 교회를 다녀도 왜 구원의 확신이 없을까요?

다음과 같은 세 가지 이유로 구원의 확신이 없습니다.

❶ 지금까지 살아오면서 지은 죄 때문입니다.

선생님은 지금까지 살아오면서 죄를 많이 지었다고 인정하십니까?

<네, 저도 지금까지 살아오면서 많은 죄를 지었습니다.>

예, 맞습니다.
사실 모든 사람은 지금까지 살아오면서 다 죄를 지었습니다.
그래서 죄가 없는 사람은 아무도 없습니다.
그리고 자신의 죄를 언제 완벽하게 처리한 사실이 없어서 마음속에 항상 죄책감과 정죄감이 있어서 구원의 확신이 없는 것입니다.

❷ 미래의 죄 때문입니다.

만약에 지금까지 살아오면서 지은 죄를 다 처리했다 할지라도 앞으로 남은 생애를 죄를 짓지 않고 살아갈 자신이 없어서 구원의 확신이 없는 것입니다.

선생님도 앞으로 죄를 짓지 않고 살아갈 자신이 있습니까?

<아니요, 자신이 없습니다.>

❸ 성화의 문제로 자신이 변화되지 못한 것 때문입니다.

교회를 다니고 있지만, 자신을 바라볼 때 변화되지 못한 부분이 너무나 많아서 확실하게 구원을 받았다는 지 자신이 없습니다.

바로 과거의 죄와 미래의 죄와 성화의 문제로 변화되지 못한 것 때문에 구원의 확신이 없습니다.

그렇다면 이 세 가지 문제를 어떻게 해결할 수 있을까요?

이 세 가지 문제를 차례차례 살펴보겠습니다.

3. 첫 번째 문제인 과거에 지은 죄를 어떻게 처리할 수 있을까요?

로마서 3장 25절을 읽어 주십시오.

"이 예수를 하나님이 그의 피로써 믿음으로 말미암는 화목제물로 세우셨으니 이는 하나님께서 길이 참으시는 중에 전에 지은 죄를 간과하심으로 자기의 의로우심을 나타내려 하심이니"(롬 3:25)

이 말씀은 과거에 지은 죄를 어떻게 해결할 수 있는지 보여줍니다. 여기에 과거에 죄와 관계된 말씀이 나옵니다.

"전에 지은 죄를 간과하심으로"

여기서 전에 지은 죄를 어떻게 했다고 말합니까?

<네, 간과했다고 말합니다.>

예, 맞습니다. 그러면 간과란 무슨 뜻일까요?

<네, 잘 모르겠는데요.>

예, 여기서 간과라는 말은 '묻지도 않고 따지지도 않고 대강 보아 넘기다'라는 뜻입니다.

예를 들어서, 어떤 아들이 아버지에게 엄청난 죄를 저질러서 감히 잘못했다고 빌지도 못하고 있었는데 아버지와 아들의 중간에 어머니가 나서서 "여보, 한 번만 봐줍시다. 모르는 척하세요."라고 중재하여서 아버지가 아들이 분명히 죄를 지은 것은 알지만, 그 죄를 알고도 모르는 척 이유도 묻지 않고 용서해 주는 것이 간과입니다.

여기서 아버지는 하나님을 나타내고 아들은 우리 죄인을 나타내고

중간의 어머니는 예수님을 나타냅니다.

사실 우리가 하나님께 지은 죄는 너무나 커서 감히 용서를 빌 수도 없었는데 예수님께서 하나님과 우리 사이에 화목제물이 되셔서 "지금 사랑하는 아들이 하나님 앞에 나왔으니 십자가에서 흘린 나의 보혈을 보시고 이 아들을 받아 주소서"라고 말하는 것과 같습니다.

그러면 하나님 아버지께서는 선생님의 죄를 알고도 모르는 척 이유를 묻지도 않으시고 용서해 주시는 것이 바로 "전에 지은 죄를 간과하심으로 용서해 주시는 것"입니다.
사실 많은 사람이 자기가 구원을 받으려면 '자신의 죄를 다 고백해야 한다'라고 생각합니다.

마치 가톨릭의 고해성사처럼 우리의 죄를 다 고해야 한다고 생각합니다. 그리고 성경에서 죄를 회개하라고 하니까 우리의 죄를 다 고백하는 것이 회개라고 오해하는 것입니다.
하지만 회개란 우리의 죄를 다 고백하는 것이 아닙니다.
참된 회개에 대해서는 나중에 다시 설명하겠습니다.

그래서 성경을 읽어보면 예수님을 만나서 구원을 받은 사람들은 그들의 죄를 다 고백해서 구원받은 것이 아닙니다.
십자가 위에서 죽어가면서 예수님을 믿었던 강도도 자신의 죄를 다

고백하고 구원받은 것이 아닙니다.

누가복음 8장에서 간음하다 잡혀 온 여인도 예수님께 자신의 죄를 다 고백하고 구원받은 것이 아닙니다.

요한복음 4장에 등장하는 우물가의 여인도 자신의 죄를 다 고백하고 구원받은 것이 아닙니다.

그러므로 우리 하나님께서는 선생님의 "과거에 지은 모든 죄를 간과하심으로" 용서해 주셨습니다.

오직 예수님께서 선생님을 대신해서 십자가에 피 흘려 죽으심으로 죄를 대속했으니 예수님을 바라보고 선생님의 죄를 묻지도 않고 따지지도 않고 다 용서해 주신 것입니다.

하나님께서 선생님의 과거에 지은 죄를 간과하심으로 용서해 주셨다면 선생님에게는 죄가 있겠습니까? 없겠습니까?

<네, 나에게는 죄가 없겠네요.>

하나님께서 선생님의 죄를 어떻게 용서해 주셨는지 이해하기 위해서 히브리서 10장 17절도 읽어 주십시오.

"또 그들의 죄와 그들의 불법을 내가 다시 기억하지 아니하리라 하셨으니"(히 10:17)

여기서 하나님께서 선생님의 죄와 불법을 다시 기억하지 아니하신다고 했는데 선생님이 선생님의 죄와 불법을 기억하고 염려한다면 선생님이 예수님을 믿는 것입니까? 안 믿는 것입니까?

<네, 안 믿는 것입니다.>

그렇다면 여기 하나님의 말씀대로 하나님께서 다 용서해 주시고 기억하지도 않으시고 완전하게 용서해 주신 사실을 믿습니까?

<네, 아멘, 믿습니다.>

**여기서 기억하지 않으신다는 것은
하나님의 완전한 용서를 말합니다.**

사람들은 용서해도 기억하지만, 하나님께서는 선생님의 죄를 용서하시되 기억하지도 않고 완전하게 용서해 주셨습니다.
기억하지 않고 완전하게 용서해 주셨다는 말씀은 구약에서도 말씀하시는데 예레미야 31장 34절과 이사야 43장 25절입니다. 읽어 주십시오.

"내가 그들의 악행을 사하고 다시는 그 죄를 기억하지 아니하리라 여호와의 말씀이니라, 나 곧 나는 나를 위하여 네 허물을 도말하는 자니 네 죄를 기억하지 아니하리라"(렘 31:34, 43:25)

여기서도 선생님의 죄를 완전하게 용서했기에 다시는 기억하지 않으신다고 말씀합니다. 이것이 하나님의 진정한 용서입니다.

사실 인간은 모든 것을 다 기억합니다. 상대방의 죄를 쉽게 잊을 수 없기 때문입니다. 인간은 교도소에 들어가서 죄에 대한 대가를 다 치르고 나와도 기록이 남습니다.

그런데 하나님께서 선생님의 모든 죄를 다시는 기억하지 않으시는 이유가 무엇일까요? 바로 선생님을 사랑하기 때문입니다.

어떤 집사님에게 아들이 있었는데 너무나 부모의 속을 썩이니 그 부모가 그 아들을 키우기가 너무나 힘들어서 괜히 낳아서 고생한다고 후회했습니다.

그러나 어느 날, 그 아들이 예수님을 믿게 되었습니다. 그리고 점점 변화된 삶을 살아갑니다. 그 집사님은 그 아들이 놀랍게 변화되는 것을 보고 너무나 사랑스럽고 기뻐서 그 아들의 과거의 모든 죄를 기억하지도 않았습니다.

하나님께서도 선생님을 사랑하시기 때문에 과거의 모든 죄를 기억하지 않으시고 완전하게 용서해 주셨습니다.
이사야 43장 25절에 등장하는 하나님은 어떤 분이십니까?
여기서 하나님께서는 이렇게 말씀하십니다.

"나는 나를 위하여 네 허물을 도말하는 자니"

그러면 여기서 '도말'이란 무슨 뜻일까요?

<네, 잘 모르겠습니다.>

도말이란 '지워버렸다'라는 뜻으로

마치 벽이 너무나 지저분해서 페인트로 칠해서 더러운 것이 하나도 보이지 않고 아주 깨끗하게 지워버렸다는 뜻입니다.
그래서 페인트를 칠하시는 분은 '도말'이라는 말을 지금도 사용합니다. 그들은 아주 완벽하게 페인트를 잘 칠했느냐는 말을 '완전 도말 했어'라고 말합니다.

없애버린 것

요즘 사용하는 말로는 죄의 기록을 완전히 삭제해서 없애버린 것을 말합니다.
이사야 44장 22절을 읽어 주십시오.

"내가 네 허물을 빽빽한 구름 같이, 네 죄를 안개 같이 없이하였으니 너는 내게로 돌아오라 내가 너를 구속하였음이니라"(사 44:22)

여기에 보니까 선생님의 죄를 빽빽한 구름의 사라짐같이 안개의 사라짐같이(양손으로 제스처를 하면서) 없애버렸다고 말합니다. 그래서 우리 예수님은 죄를 없애버리려고 이 세상에 오셨습니다.

요한일서 3장 5절을 읽어 주십시오.

"그가 우리 죄를 없애려고 나타나신 것을 너희가 아나니 그에게는 죄가 없느니라"(요일 3:5)

예를 들어, 비가 많이 올 때 먹구름이 빽빽하게 끼었다가 또는 안개가 자욱하게 끼었다가 날이 맑아지면 다 사라지는 것처럼 선생님 마음속의 죄가 깨끗하게 다 사라졌다면 선생님의 마음이 기쁘겠습니까? 기쁘지 않겠습니까?

<네, 매우 기쁘겠죠.>

그러면 선생님은 선생님의 모든 죄가 다 사라진 것을 믿습니까?

<네, 아멘, 믿습니다.>

그러면 하나님께서 이 말씀에서 돌아오면 용서해 주신다고 했습니까? 이미 용서했으니 돌아오라고 했습니까?

<네, 죄를 없이하였으니, 죄를 용서하였으니 돌아오라고 했습니다.>

예, 맞습니다. 하나님께서는 선생님의 모든 죄를 완전하게 이미 다 용서해 놓고 돌아오라고 했습니다.

용서했으니 돌아오라

누가복음 15장에 보면 탕자의 이야기가 나옵니다.
여기서 탕자는 아버지의 재산을 다 탕진하고 거지가 되어 돼지 치는 일을 하면서 집으로 돌아오지 못하고 있었습니다.
아버지를 거역하고 재산을 다 탕진해 버린 죄 때문에 돌아오지 못하고 있었습니다. 그러나 아버지는 아들의 죄는 전혀 생각하지 않고 아들이 돌아오기만을 애타게 기다리고 있었습니다.

오늘날 많은 사람이 이와 같습니다.

하나님께서는 예수 십자가의 보혈로 우리의 모든 죄를 도말하고, 지워버리시고, 완전히 삭제하고, 완전히 없애버리고 완전하게 용서해 놓고 돌아오기만을 애타게 기다리신 데 우리의 죄를 이미 다 용서해 놓으신 예수 십자가의 복음을 깨닫지 못하고 자신의 죄만 생각하고 하나님 아버지께 돌아오지 못하고 있습니다.

그래서 찬송가 527장에 이런 찬송 가사가 있습니다.
한번 읽어 주십시오.

어서 돌아오오

"어서 돌아오오. 어서 돌아만 오오.
지은 죄가 아무리 무겁고 크기로 주 어찌 못 담당하고 못 받으시리오. 우리 주의 넓은 가슴은 하늘보다 넓고 넓어,
(2절) 어서 돌아오오. 어서 돌아만 오오.
우리 주는 날마다 기다리신다오. 밤마다 문 열어 놓고 마음 졸이시며. 나간 자식 돌아오기만 밤새 기다리신다오,
(3절) 어서 돌아오오. 어서 돌아만 오오.
채찍 맞아 아파도 주님의 손으로 때리시고 어루만져 위로해 주시는 우리 주의 넓은 품으로 어서 돌아오오. 어서"

그렇다면 여기서 선생님의 할 일이 무엇일까요?
선생님의 할 일은 하나님 아버지의 품으로 돌아오는 것밖에 없습니다. 선생님의 있는 모습 이대로 돌아오면 됩니다.

그러면 선생님이 돌아온다는 것은 무슨 뜻일까요?

<네, 잘 모르겠습니다.>

예, 선생님이 하나님께 돌아오는 것은 하나님께서 선생님의 죄를 완전하게 용서해 주셨음을 믿는 것입니다. 그러면 선생님은 하나님께서 선생님의 죄를 완전하게 용서해 주심을 믿습니까?

<네, 아멘, 믿습니다.>

그러면 선생님은 죄가 있습니까? 없습니까?

<네, 나는 죄가 없습니다.>

그러면 선생님은 죄인입니까? 의인입니까?

<네, 의인입니다.>

그러면 선생님은 의인이 되셨음을 믿습니까?

<네, 아멘, 믿습니다.>

그러므로 선생님 과거의 죄 문제는 완전히 해결되었습니다.

4. 두 번째 문제인 미래의 죄를 어떻게 처리할 수 있을까요?

이제 선생님의 과거의 죄는 다 해결되었습니다.

그렇다면 앞으로 짓는 죄는 어떻게 해결할까요?

<잘 모르겠는데요.>

이제부터 선생님의 미래의 죄를 어떻게 해결할 수 있는지 하나님의 말씀을 보겠습니다.

로마서 8장 1~3절을 읽어 주십시오.

"그러므로 이제 그리스도 예수 안에 있는 자에게는 결코 정죄함이 없나니 이는 그리스도 예수 안에 있는 생명의 성령의 법이 죄와 사망의 법에서 너를 해방하였음이라 율법이 육신으로 말미암아 연약하여 할 수 없는 그것을 하나님은 하시나니 곧 죄로 말미암아 자기 아들을 죄 있는 육신의 모양으로 보내어 육신에 죄를 정하사"(롬 8:1-3)

**사실 선생님의 미래의 죄를 해결하는
또 다른 방법이 있는 것은 아닙니다.**

이미 예수님께서 십자가 위에서 돌아가심으로 **선생님의 죄를 다 용서하신 복음 안에 미래의 죄를 해결하는 방법이 다 들어있습니다.** 선생님이 예수님께서 선생님의 죄를 완전하게 용서하신 것을 믿는다면 이제 선생님은 그리스도 예수 안에 있습니다.

그런데 이 말씀에서 '그리스도 예수 안에 있는 자에게는 결코' 무엇이 없다고 했습니까?

<네, 정죄함이 없다고 말합니다.>

그러면 정죄함이 없다는 말은 무슨 뜻일까요?

여기서 정죄함이 없다는 말은 선생님이 죄를 지어도 죄인이라고 말하지 않는 것을 말합니다.

왜냐하면 그리스도 예수 안에서 하나님께서 선생님을 용서해 주셨음을 믿고 선생님이 하나님께 돌아왔기 때문입니다. 그래서 하나님께 돌아온 사람은 결코 정죄함이 없으며 누구라도 선생님에게 죄인이라고 말할 수 없습니다.

왜 그럴까요?
여기 2절에서 정확한 해답이 나와 있습니다.
그래서 2절은 '이는'이라는 말로 시작됩니다. 읽어 주십시오.

"이는 그리스도 예수 안에 있는 생명의 성령의 법이 죄와 사망의 법에서 너를 해방하였음이라"(롬 8:2)

여기서 '이는'이라는 말은 '왜냐하면'이라는 말입니다.
왜 그럴까요?

선생님이 그리스도 예수 안에 들어오니

그리스도 예수 안에 있는 생명의 성령의 법이 죄와 사망의 법에서 선생님을 해방하였기 때문입니다.

그렇다면 선생님은 어떻게 죄에서 해방되었을까요?
3절에 어떻게 해방하였는지 자세히 나옵니다. 읽어 주십시오.

"율법이 육신으로 말미암아 연약하여 할 수 없는 그것을 하나님은 하시나니"(롬 8:3 앞부분)

여기서 꼭 한 가지 짚고 넘어갈 것은

선생님은 육신이 연약하여 율법을 온전히 지킬 수 없다는 것입니다. 다시 말하면 선생님은 죄를 안 짓고 살아갈 수 없다는 말입니다.
그러나 여기서 '그것을 하나님은 하시나니'라고 말씀하시는 것처럼 우리 하나님은 연약하지 않으시기에 모든 것을 다 하실 수 있습니다. 그러면 하나님께서 어떻게 하셨을까요?
하나님이 하신 일은 3절 마지막 부분에 나옵니다.

"곧 죄로 말미암아 자기 아들을 죄 있는 육신의 모양으로 보내어 육신에 죄를 정하사"(롬 8:3 마지막 부분)

하나님께서 자기 아들이신 예수님을 우리와 같은 육신의 모양으로 이 세상에 보내셔서 그 예수님의 육신에 죄를 정했다고 말합니다.

여기서 가장 중요한 말은 '죄를 정했다'라는 말입니다.

여기서 죄를 정했다는 말을 이해하기 위해서 구약의 속죄 제사를 이해해야 합니다.
구약에서 하나님께 죄를 용서받기 위해서 드리는 속죄 제사가 있었는데 속죄 제사란 사람이 죄를 범했을 때 자신의 죄를 해결할 수 있는 제사였습니다.
그래서 사람이 부지 중에 죄를 범했을 때 하나님이 정하신 속죄 제사로 자신의 죄를 용서받을 수 있었습니다.

레위기 4장 27~31절을 읽어 주십시오.

"만일 평민의 한 사람이 여호와의 계명 중 하나라도 부지중에 범하여 허물이 있었는데 그가 범한 죄를 누가 그에게 깨우쳐 주면 그는 흠 없는 암염소를 끌고 와서 그 범한 죄로 말미암아 그것을 예물로 삼아 그 속죄제물의 머리에 안수하고 그 제물을 번제물을 잡는 곳에서 잡을 것이요 제사장은 손가락으로 그 피를 찍어 번제단 뿔들에 바르고 그 피 전부를 제단 밑에 쏟고 그 모든 기름을 화목제물의 기름을 떼어낸 것 같이 떼어내 제단 위에서 불살라 여호와께 향기롭게 할지니 제사장이 그를 위하여 속죄한즉 그가 사함을 받으리라"(레 4:27-31)

이 말씀을 자세히 살펴보면 속죄 제사를 드리는 순서가 있습니다.

① 한 사람이 부지중에 죄를 범합니다.
② 죄를 범한 사실을 깨닫습니다.
③ 예물로 흠 없는 양이나 암염소를 끌고 옵니다.
④ 죄가 양에게 전가되도록 죄인과 제사장이 양의 머리에 안수합니다.
⑤ 제사장이 양을 잡아 하나님께 속죄 제사를 드립니다.
⑥ 죄를 범한 사람이 자신의 죄 사함을 받습니다.

죄인이 하나님께 드리는 속죄 제사는 하나님께서 지시하시는 내용에 따라 레위 지파에 속한 제사장이 성막이나 성전에서 염소나 양이나 송아지의 제물로 속죄 제사를 하나님께 드렸습니다.

**그런데 속죄 제사에서 가장 중요한 것은, 죄를 지은 죄인과 제사장이 함께 양의 머리에 안수하는 것입니다.
여기 안수하는 것이 바로 죄인의 죄를 양에게 정했다는 말입니다.**

그러면 그 죄인이 죽는 것이 아니라 양이 죄인의 죄를 지고 죽임을 당합니다. 제사장은 양의 피를 번제단 뿔에 바르고 속죄소에 뿌리고, 양의 몸 전체를 번제단에서 불로 태워 하나님께 속죄 제사를 시행합니다.
그렇게 해야 죄인이 용서를 받습니다.

그러므로 가장 중요한 것이 바로 양에게 안수하는 것입니다.
이것이 바로 죄인의 죄를 양에게 정한 것입니다.

여기서 죄를 위하여 죽는 희생양은 누구를 나타낼까요?

<*네, 우리 죄를 짊어지신 어린양 예수님을 나타냅니다.*>

예, 맞습니다.
그래서 요한복음 1장 29절에서 요한은 사람들에게 예수님을 이렇게 소개합니다.

"보라 세상 죄를 지고 가는 하나님의 어린양이로다"(요 1:29)

그래서 희생양의 머리에 안수하여 죄를 정하는 것처럼, 하나님의 아들 예수님께 선생님의 모든 죄를 정했습니다.

그러므로 예수님은 세상의 모든 죄를 지고 가는 하나님의 어린양이라고 믿지 말고, 바로 선생님의 죄를 지고 가는 어린양 예수님으로 믿어야 합니다.

그렇게 믿습니까?

<아멘, 예수님이 나의 죄를 지고 죽으신 것을 믿습니다.>

예수님께서 십자가에 돌아가셨을 때(그림을 그리며) 선생님의 죄를 선생님이 태어날 때부터 죽을 때까지 선생님의 일생의 모든 죄를 예수님께 정했습니다.

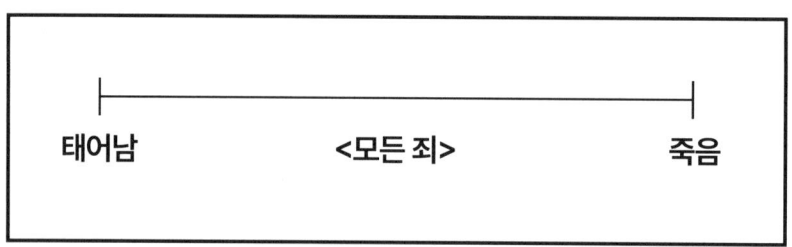

언제부터 언제까지 정했습니까?

<네, 태어날 때부터 죽을 때까지입니다.>

그러면 선생님의 죄를 몇 %나 지셨을까요?

<네, 나의 죄를 100% 다 지셨습니다.>

그러면 선생님의 죄를 태어날 때부터 죽을 때까지라면 그 속에 선생님의 미래의 죄도 포함됩니까? 포함되지 않습니까?

<네, 포함됩니다. 그러면 나의 미래의 모든 죄도 예수님이 다 지셨네요.>

예, 맞습니다. 이제 선생님의 미래의 죄도 다 해결되었습니다. 이제 로마서 3장 23~24절을 읽어 주십시오.

"모든 사람이 죄를 범하였으매 하나님의 영광에 이르지 못하더니 그리스도 예수 안에 있는 속량으로 말미암아 하나님의 은혜로 값없이 의롭다 하심을 얻은 자 되었느니라"

선생님이 죄를 범하여서 하나님의 영광에 이르지 못하더니 이제 그리스도 예수 안에 있는 속량으로, 하나님의 은혜로 값없이 의롭다고 하심을 얻은 자 되었다고 말합니다.

그러면 여기서 속량이란 무엇일까요? 여기서 속량이란 바로 죄 사함을 말합니다.

에베소서 1장 7절을 읽어 주십시오.

"그의 피로 말미암아 속량 곧 죄 사함을 받았느니라"(에베소서 1:7)

여기서 예수님의 피로 속량을 이루시고 곧 죄 사함을 받게 하셨다고 말합니다.

(속량 = 죄 사함)

속량이란 노예의 몸값을 받고 죄인(노예)을 해방해서 자유를 주는 것입니다.
속량이란 선생님이 사탄과 죄에 얽매여 지옥에 들어갈 운명에 처해 있었는데 예수님의 죽음과 피를 흘려주셔서 값을 치르심으로 말미암아 선생님을 죄에서 해방해서 자유를 주신 것이 바로 속량입니다.

로마서 5장 9절을 읽어 주십시오.

"이제 우리가 그의 피로 말미암아 의롭다 하심을 받았으니"(로마서 5:9)

여기서도 예수님의 피로 말미암아 선생님이 의롭다 하심을 받았다고 말합니다. 예수님께서 자신의 목숨과 보혈로 선생님의 죗값을 치르심으로, 선생님의 모든 죄를 다 용서해 주심으로, 선생님은 죄 사함을 받았고 의롭게 되었다고 말합니다.

그러면 선생님은 죄인입니까? 의인입니까?

<네, 의인입니다.>

그러면 선생님의 죄가 언제 사해졌을까요?

<네, 2,000년 전 예수님께서 십자가에서 나의 죄 사함을 받게 하셨습니다.>

예, 맞습니다.

2,000년 전에 예수님께서 십자가에서 이루신 속죄와 죄 사함을 선생님은 이제야 발견한 것입니다.
이 사실을 깨닫고 진심으로 믿고 받아들이는 것이 중요합니다.

예를 들어, 제가 어렸을 때 우리 집 앞 구멍가게에서 물건을 외상으로 샀습니다. 그래서 외상값 때문에 미안해서 구멍가게 앞을 지나가지 못하고 2개월 동안 멀리 돌아다녔습니다.
다행히 2개월 후에 돈을 마련해서 구멍가게에 가서 장부를 보고서야 아버지가 외상값을 대신 갚아 주셨다는 사실을 깨달았습니다.
사실 우리 예수님께서도 선생님의 죄의 값을 2,000년 전에 십자가에서 그분의 보혈로 다 갚아 주셨지만, 선생님은 그 사실을 깨닫지 못해서 두려워하고 근심 가운데 살아왔습니다.
그러나 오늘 하나님의 말씀을 통해서 선생님의 죄를 다 처리해 주셨다는 사실을 깨닫고 진심으로 믿게 되었습니다.

그렇다면 선생님의 죄를 얼마나 완벽하게 용서하셨을까요?

❶ 선생님의 죄를 영원히 보이지 않게 옮기셨습니다.

선생님의 죄를 보려고 해도 보이지 않습니다.
시편 103편 12절을 읽어 주십시오.

"동이 서에서 먼 것 같이 우리의 죄과를 우리에게서 멀리 옮기셨으며"(시 103:12)

선생님, 동쪽 끝이 보일까요? 서쪽 끝이 보일까요?
그렇습니다. 동쪽 끝이나 서쪽 끝은 보이지 않습니다. 그런데 선생님의 죄를 동이 서에서 먼 것처럼 그렇게 멀리 옮기셨다고 말씀합니다. 그리고 옮길 것이라고 말하지 않고 이미 옮겼다고 말합니다.

❷ 선생님의 죄를 하나님께서 볼 수도 없도록 하나님의 등

뒤로 던져 버렸습니다.

이사야 38장 17절을 읽어 주십시오.

"주께서 내 영혼을 사랑하사 멸망의 구덩이에서 건지셨고 내 모든 죄를 주의 등 뒤에 던지셨나이다"(사 38:17)

❸ 선생님의 죄를 보이지 않게 깊은 바다에 던졌습니다.

미가서 7장 19절을 읽어 주십시오.

"다시 우리를 불쌍히 여기셔서 우리의 죄악을 발로 밟으시고 우리의 모든 죄를 깊은 바다에 던지시리이다"(미 7:19)

이제 선생님의 모든 죄가 완전히 없어졌다는 사실을 확실하게 믿습니까?

<네, 아주 확실하게 믿겠습니다.>

그렇다면 만약 이렇게 천국과 지옥이 있다면 어느 곳으로 갈까요?

<네, 천국으로 갈 수 있습니다.>

사실 천국이나 지옥이든 '입장권'이 있어야 갑니다. 천국 '입장권'은 의가 입장권이고, 지옥 '입장권'은 죄가 입장권입니다.

그동안 죄 때문에 꼼짝없이 지옥 가야 했는데 이제 예수님의 보혈로 모든 죄를 다 씻고 의인이 되었으니 죄가 있겠습니까? 없겠습니까?

<네, 죄가 없습니다.>

예, 선생님은 죄가 하나도 없으니 이제 지옥에 가고 싶어도 지옥 갈 '입장권'이 없어서 지옥에 갈 수도 없습니다. 이제 꼼짝없이 예수님이 주신 의로 천국으로 갑니다. 한 번 따라서 해보십시오.

"나는 지옥 갈 밑천 떨어졌다"

<나는 지옥 갈 밑천 떨어졌다.>

이제 선생님은 틀림없이 천국에 갈 확신이 있습니까?

<네, 이제 천국에 들어갈 확신이 있습니다.>

예, 맞습니다. 선생님은 모든 죄를 완전하게 용서받았으니 당연히 천국에 들어갑니다. 선생님은 예수 믿고 완전히 팔자를 고쳤습니다.

찬송가에 이런 가사가 있습니다. 읽어 주십시오.

"우리 주만 믿으면 모두 구원 얻으며 영생 복락 면류관 확실히 받겠네"

그러므로 선생님 미래의 죄 문제도 완전히 해결되었습니다.

1) 심판의 문제를 어떻게 해결할 수 있을까요?

교인들이 또 한 가지 두려워하는 것이 있는데 그것은 하나님의 심판대 앞에 서는 것입니다.

선생님은 하나님의 심판대 앞에 설 자신이 있습니까?

<아니요, 자신이 없습니다.>

여기서 하나님의 심판이란 선생님이 일생에서 지은 모든 죄를 따지는 일인데, 예수님께서 십자가에서 선생님의 모든 죄를 태어날 때부터 죽을 때까지 완전하게 다 용서해 주셨다면 선생님이 심판을 받을 필요가 있을까요?

<네, 심판을 받을 필요가 없겠네요.>

요한복음 3장 18절을 읽어보십시오.

"그를 믿는 자는 심판을 받지 아니하는 것이요"(요 3:18)

여기 보니까 믿는 자가 심판을 받습니까? 받지 않습니까?

<네, 믿는 자는 심판을 받지 않는다고 했습니다.>

요한복음 5장 24절도 읽어 주십시오.

"내가 진실로 진실로 너희에게 이르노니 내 말을 듣고 또 나 보내신 이를 믿는 자는 영생을 얻었고 심판에 이르지 아니하나니 사망에서 생명으로 옮겼느니라"

여기서도 믿는 자는 영생을 얻었고, 심판에 이르지 않는다고 아주 분명하게 말합니다.

히브리서 9장 27~28절을 읽어 주십시오.

"한번 죽는 것은 사람에게 정해진 것이요 그 후에는 심판이 있으리니 이와 같이 그리스도도 많은 사람의 죄를 담당하시려고 단번에 드리신 바 되셨고 구원에 이르게 하기 위하여 죄와 상관없이 자기를 바라는 자들에게 두 번째 나타나시리라"(히 9:27-28)

여기서 한번 죽는 것은 사람에게 정해져 있고 그 후에는 무엇이 있다고 했습니까?

<네, 심판이 있다고 했습니다.>

그런데 28절에 '이와 같이'라고 말합니다. 이 말은 '누구에게나 심판이 있는 것처럼'이라는 말입니다. 그러므로 계속해서 읽어 주십시오.

"그리스도도 많은 사람의 죄를 담당하시려고 단번에 드리신 바 되셨고"

이 말씀은 모든 사람에게 심판이 정해져 있었는데 예수님께서 우리를 위해 단번에 심판을 받으셨다는 뜻입니다.
그래서 28절 마지막에 무엇을 말씀합니까? 읽어 주십시오.

"구원에 이르게 하기 위하여 죄와 상관 없이 자기를 바라는 자들에게 두 번째 나타나시리라"(히 9:28)

예수님께서 두 번째 나타나실 때는 무엇과 상관없이 오신다고 했습니까?

<네, 죄와 상관없이 오신다고 했습니다.>

여기 두 번째 오시는 것이 무엇을 나타냅니까?

<네, 예수님의 재림인가요?>

예, 맞습니다.
예수님이 재림하실 때는 믿는 사람들을 심판하시기 위해 오시는 것이 아니라 죄와 상관없이 성도들을 데리러 오십니다.

그러면 선생님은 심판을 받습니까? 받지 않습니까?

<네, 심판을 받지 않습니다.>

그러므로 선생님은 심판의 문제도 완전히 해결되었습니다.

2) 구원받은 후 짓는 죄는 어떻게 해결할 수 있을까요?

선생님의 모든 죄를 완전하게 용서를 받았는데 '과거에 지은 죄는 간과하심으로' 용서를 받았습니다.

그러면 앞으로 죄를 또 지으면 어떻게 될까요?
선생님이 구원을 받으면 앞으로 지을 죄도 모두 포함해서 용서를 받았습니다. 그러므로 앞으로 죄를 지어도 지옥에 들어가지 않습니다.

선생님이 구원을 받으면 선생님이 죄를 범해도 하나님의 자녀입니다. 그러므로 죄를 범해도 지옥에 들어가지는 않습니다.
그러나 선생님이 하나님의 자녀로서 아버지 하나님께 죄를 범하면 하나님의 징계가 있다고 히브리서 12장 5~11절에서 말씀합니다.

하나님의 징계

히브리서 12장 6~8절을 읽어보십시오.

"주께서 그 사랑하시는 자를 징계하시고 그가 받아들이시는 아들마다 채찍질하심이라 하였으니 너희가 참음은 징계를 받기 위함이라 하나님이 아들과 같이 너희를 대우하시나니 어찌 아버지가 징계하지 않는 아들이 있으리요 징계는 다 받는 것이거늘 너희에게 없으면 사생자요 친아들이 아니니라"(히 12:6-8)

하나님께서는 우리가 하나님의 자녀가 되었기 때문에 우리를 사랑하셔서 징계하신다고 했습니다.

하나님은 우리를 누구로 대우하시나요?

<네, 아들과 같이 대우하십니다.>

예, 그렇습니다. 그래서 만약 징계가 없다면 사생자요 친아들이 아닙니다. 하나님의 자녀가 아니라는 말입니다.

그러나 하나님의 자녀는 죄를 범하면 반드시 징계가 있습니다. 그리고 선생님은 이제 죄에서 완전하게 해방되었습니다.

요한계시록 1장 5절을 읽어 주십시오.

"우리를 사랑하사 그의 피로 우리 죄에서 우리를 해방하시고"(계 1:5)

선생님은 모든 죄에서 해방되었습니다.
그러므로 구원받은 후 짓는 죄도 완전하게 해결되었습니다.

5. 세 번째 문제인 성화의 문제를 어떻게 해결할 수 있을까요?

또 교회를 다니는 교인 가운데 본인이 바르게 살고 서서히 변화되어 성화가 이루어지면 하늘나라에 들어갈 수 있다고 생각하기 때문에 구원의 확신을 갖지 못합니다.

그렇게 믿는 사람들 가운데 대표적인 사람들이 바로 안식교회 교인들입니다. 그들은 구원을 두 종류로 분류합니다.
하나는 이미 얻은 구원으로 십자가의 복음으로 구원받는 것이라고 말합니다. 그러나 이미 얻은 구원을 통해서는 천국에 들어가지 못한다고 가르칩니다.

또 다른 구원은 얻을 구원으로서 완전히 성화 되어야 천국에 들어갈 수 있다고 믿고 가르칩니다. 그래서 그들은 완전한 성품 변화를 위해서 자극성 있는 음식을 먹지 않습니다. 그들은 육식을 먹지 않으며 고기와 고춧가루와 마늘까지도 먹지 않습니다.

완전 성화 되어야 하늘나라에 들어갈 수 있다고 믿는 사람들은 마태복음 7장 21~23을 근거해서 자신의 믿음의 타당성을 주장합니다. 마태복음 7장 21절을 읽어 주십시오.

"나더러 주여 주여 하는 자마다 다 천국에 들어갈 것이 아니요 다만 하늘에 계신 내 아버지의 뜻대로 행하는 자라야 들어가리라"(마 7:21)

여기에 등장하는 하나님의 뜻은 두 가지가 있습니다.
바로 예수 믿지 않는 사람을 향한 하나님의 뜻(요 6:40)과 이미 믿는 성도들을 향한 하나님 아버지의 뜻(살전 5:16-18)이 있습니다. 예수 믿지 않는 사람을 향한 하나님의 뜻은 하나님께서 보내신 구원자 되시는 예수 그리스도를 믿고 영생을 얻는 것이 하나님의 뜻입니다. 마태복음 7장 21~23절에 등장하는 그들은 구원을 받지 않은 사람들입니다. 왜냐하면 주님께서 그들을 모른다고 말씀하셨기 때문입니다.

그러므로 그들은 향한 하나님의 뜻은 하나님이 보내신 예수님을 믿는 것이 하나님의 뜻입니다.

성화의 문제는 은혜로 해결

그렇다면 이 성화의 문제를 어떻게 해결할 수 있을까요?
성화의 문제는 하나님의 은혜로 자연스럽게 해결합니다.
그래서 우리는 하나님의 은혜로 구원을 받았습니다.

로마서 4장 4절을 읽어 주십시오.

"일하는 자에게는 그 삯이 은혜로 여겨지지 아니하고 보수로 여겨지거니와"(롬 4:4)

여기서 은혜라는 말은 "값없이 주신다"라는 뜻입니다.
그리고 은혜의 반대는 '삯'이라고 말할 수 있습니다.

일하는 자가 받는 보수(삯)는 은혜가 아닙니다.
로마서 4장 5절을 읽어보십시오.

"일을 아니할지라도 경건하지 아니한 자를 의롭다 하시는 이를 믿는 자에게는 그의 믿음을 의로 여기시나니"(롬 4:5)

여기서 경건하지 아니한 자를 의롭다 하시는 이를 믿는 자는 은혜로 의롭게 여겨주지만, 자신이 노력해서 의롭게 되어서 구원을 얻는다면 그것은 보수(삯)로 구원을 얻는 것입니다.

하지만 일한 것이 없지만, 경건하지도 않지만, 주님의 은혜로 구원해 주심을 믿는다면 하나님께서는 그 사람의 믿음을 의롭게 인정해 주십니다. 그래서 우리는 우리가 일한 삯이 아니라 하나님의 은혜로 구원을 받습니다.

에베소서 2장 5절을 읽어 주십시오.

"허물로 죽은 우리를 그리스도와 함께 살리셨고 (너희는 은혜로 구원을 받은 것이라)"(엡 2:5)

여기서 은혜로 구원을 받을 것이라고 했습니까?
이미 구원을 받았다고 했습니까?

<네, 구원을 받았다고 했습니다.>

에베소서 2장 8~9절도 읽어 주십시오.

"너희는 그 은혜에 의하여 믿음으로 말미암아 구원을 받았으니 이것은 너희에게서 난 것이 아니요 하나님의 선물이라 행위에서 난 것이 아니니 이는 누구든지 자랑하지 못하게 함이라"(엡 2:8-9)

여기서도 은혜에 의하여 믿음으로 구원을 받았다고 했습니다. 그리고 이 구원이 어디에서 난 것이 아니라고 했습니까?

<네, 행위에서 난 것이 아니라고 했습니다.>

예, 맞습니다.
행위에서 난 것이 아니라 오직 은혜로 값없이 구원을 받았습니다. 그러므로 우리의 행위로 구원받는 것이 아니기에 우리가 성화가 되어야 하거나 변화되어야 구원받는 것이 아닙니다.

그러므로 성화의 문제도 완전히 해결되었습니다.

6. 십자가 위에서 이루어진 완전한 용서 어떻게 선생님의 것이 될 수 있을까요?

로마서 10장 10절을 읽어 주십시오.

"사람이 마음으로 믿어 의에 이르고 입으로 시인하여 구원에 이르느니라"(롬 10:10)

여기에서 구원에 이르는 두 가지 방법을 제시합니다.

❶ 마음으로 믿어야 의인이 될 수 있습니다.

여기서 마음으로 믿는 것은 지금까지 들었던 내용을 진심으로 믿고 받아들여서 구원을 받는 것을 말합니다.

❷ 입으로 시인해야 합니다.

지금까지 들었던 예수 십자가 복음의 말씀을 이제 이렇게 입으로 시인해야 합니다.

"나는 구원을 받았습니다. 나는 영생을 얻었습니다.
나는 예수님의 십자가 속량으로 죄 사함을 받았습니다.
나의 모든 죄가 태어날 때부터 죽을 때까지
모든 죄가 예수님의 육신에 정해졌습니다.
나는 성화 되고 변화되어야
구원을 받는 것이 아니라는 사실을 믿습니다.
나는 예수님이 나를 대신해서 심판을 받으셨기에
나에게 심판이 없다는 사실을 믿습니다.
나는 예수님의 보혈로 의롭게 되었으니 의인입니다."

이렇게 시인하고 예수님을 마음속에 받아들일 때 구원을 받습니다.

선생님이 이 모든 사실을 시인하기 위해 예수님의 이름으로 하나님 아버지께 기도하십시오.

"주 예수님, 제가 지금까지 하나님을 인정하지 않고
제가 인생의 주인이 되어 내 마음대로 살아온 죄인입니다.
예수님께서 나를 대신하여 십자가에서 죽으심으로 나의
모든 죄를 단번에 다 해결해 주시고 구원해 주셔서 감사합니다.
십자가에서 돌아가신 지 사흘 만에 부활하심으로
내 인생의 주인이 되셨음을 믿습니다.
이제 예수님을 나의 삶의 주인으로,
나를 다스리시는 왕으로,
나를 창조하신 하나님으로 영접합니다.
내 마음속에서 내 인생의 주인이 되어
저의 삶을 인도해 주시고 예수님을 따라 살게 도와주십시오.

예수 그리스도의 이름으로 기도합니다. 아멘."

이제 선생님은 구원을 받았습니까?

<네, 내가 오늘 들은 복음의 말씀을 믿음으로 받아들이고 입으로 시인하여 구원을 받았습니다.>

로마서 5장 1~2절을 읽어 주십시오.

"그러므로 우리가 믿음으로 의롭다 하심을 받았으니 우리 주 예수 그리스도로 말미암아 하나님과 화평을 누리자 또한 그로 말미암아 우리가 믿음으로 서 있는 이 은혜에 들어감을 얻었으며 하나님의 영광을 바라고 즐거워하느니라"(롬 5:1-2)

이제 선생님은 믿음으로 의롭다 함을 얻었고 구원을 받았으니 하나님 아버지와 화평하게 되었습니다.

이제 구원을 받으려고 노력하는 것이 아니라 구원받은 은혜에 감사해서 더욱 주님의 말씀에 순종하며 살아야 합니다.

구원을 받으려는 노력으로 말씀을 지키기가 쉽습니까?
구원을 은혜로 받았으니 감사해서 말씀을 지키기가 쉽습니까?

<네, 구원받은 은혜에 감사해서 말씀을 지키기가 더 쉽습니다.>

이제 선생님을 구원해 주신 하나님께 감사기도를 드리십시오.

저자 김만홍 목사

영적 통찰력을 바탕으로 기독교의 핵심인 완전한 복음을 성경적으로 해석하여 한국교회에 전달하는 구령상담전문가이다.

웨스트민스터신학대학원대학교 신약학 교수인 김경식 교수는 추천사에서 김만홍 목사의 책은 복음의 진정한 능력과 생명력을 보게 하며, 가짜가 진짜처럼 포장하여 생명력을 잃어가고 있는 한국교회에 영적인 심폐소생술과 같은 일로 여겨져 감사하다고 말한다.

횃불트리니티 신학대학원대학교 명예 총장이신 김상복 목사는 추천사에서 '김만홍 목사의 신앙과 신학과 목회가 성경이 중심이 되어 있다는데 호감을 일으킨다.'라고 말한다.

Luther Rice Collge and Seminary(B.A. M.A. M.Div.), 성서침례대학원대학교(Th.M), Kingsway University(상담학 박사), 웨스트민스터신학대학원대학교 교육학 박사(미술치료학 전공), 심리상담사 1급, 부부심리상담사 1급, 미술심리상담사 1급, 이단상담사, 인천광역시 계양구 계산동에 있는 은혜샘침례교회 담임목사, 도서출판 예지 대표, 예지심리상담센터 원장, 한국기독교이단 인천계양상담소 소장으로 섬기고 있다.

저서로는 상한마음 상담치료, 내면아이 치유상담, 복음학교, 전도하면 행복해집니다, 구원의 복음상담세미나, 수레바퀴 삶, 위대한 복음, 복음스토리, 완전한 복음, 왜 믿어야하죠, 성경적 부자되기, 십일조, 말하는 대로 된다, 내면아이 치유상담, 가짜구원, 그리스도인의 삶, 창조적 자존감, 요한계시록 미래적 해석, 구원상담문, 구령상담전문가 <구령상담목회> {치유회복상담콘서트 시리지 8권} 1. 자존감회복, 2. 내면세계 치유, 3. 언어회복, 4. 관계회복, 5. 임제회복, 6. 성인아이 치유, 7. 인지행동 치유, 8. 용서치유 등이 있다.

문서선교   후원계좌 : 국민은행 김만홍 288-21-0001-224
         구령상담세미나 요청 : 010-2393-9191